# 陪孩子走过3—7岁成长关键期

涵涵妈◎著

U0871331

中国妇女出版社

**图书在版编目（CIP）数据**

陪孩子走过3-7岁成长关键期 / 涵涵妈著. -- 北京：中国妇女出版社，2022.7（2024.8重印）
ISBN 978-7-5127-2112-8

Ⅰ.①陪… Ⅱ.①涵… Ⅲ.①儿童教育－家庭教育 Ⅳ.①G782

中国版本图书馆CIP数据核字（2022）第088943号

**选题策划**：卓文天语
**责任编辑**：应　莹　张　宇
**封面设计**：MM末末美书 QQ:3218619296
**责任印制**：李志国

**出版发行**：中国妇女出版社
**地　　址**：北京市东城区史家胡同甲24号　　邮政编码：100010
**电　　话**：（010）65133160（发行部）　　65133161（邮购）
**邮　　箱**：zgfncbs@womenbooks.cn
**法律顾问**：北京市道可特律师事务所
**经　　销**：各地新华书店
**印　　刷**：天津光之彩印刷有限公司

**开　　本**：145mm×210mm　1/32
**印　　张**：8
**字　　数**：171千字
**版　　次**：2022年7月第1版　　2024年8月第8次印刷
**定　　价**：49.80元

# 目录

## 第一章 好的亲子关系价值千万

## 第二章 习惯的培养比知识的学习更重要

## 第三章 “双减”时代，小学前三年很重要

# 第一章

# 好的亲子关系价值千万

# 当心，你的焦虑正在让孩子变得更糟

## 妈妈的焦虑是孩子的阻力

下面这些情景，相信你一定很熟悉：

我家孩子特别爱吃糖，她会不会有龋齿啊？

我儿子不爱写作业，爱看动画片、打游戏，这可怎么办啊？他的人生还有前途吗？

咦，你看别人家的小孩都会爬了，会说话了，我家宝宝咋还不会呢？

妈妈每日为孩子的各种事情焦虑、担心，孩子则在妈妈的担忧和焦虑中成长。

下面我们就按焦虑妈妈的类型来分析，看看妈妈的焦虑都会给孩子带来哪些可怕的影响。

### 01 严重洁癖＋“照顾狂”

这种过度担心式的焦虑如同诅咒，它会让孩子变得身心脆弱。

我一个朋友上大学时不怎么爱收拾宿舍，可有了孩子之后，你一进她的家门，绝对会闻到浓浓的消毒剂的味道。她甚至会一边跟我聊天，一边不停地从孩子手里抢过玩具，用蘸了酒精的抹布擦拭。

陪她一起做饭，打开她家的冰箱，有机食品琳琅满目，还有进口的脱脂奶酪、核桃油、浓缩果汁等。做辅食的工具更是一应俱全，只有你想不到的，没有她淘不来的。除此之外，她还让朋友从全国各地代购来各种营养素补充剂，恨不得把全世界最有营养的东西都塞进孩子嘴里。

这就是典型的过度担心式焦虑。做妈妈的恨不得把全世界最好的都拿来给孩子，却又总是觉得自己做得还不够好，整天在“我是不是个好母亲”的问题上纠结。

这种妈妈会给孩子带来什么影响呢？

如果一个妈妈整天想的是“你不要生病”“你不要不听话”“你不要……”，就会完全觉察不到孩子真实的感受，因为她被担心和焦虑的情绪缠绕，所有的注意力都集中在为孩子扫除阻碍的目标上，而孩子是要追求跟父母的感受连接的，于是，孩子很容易便会创造出妈妈担心的那个结果，因为只有这样孩子的情绪才能得到妈妈的照料，才会感受到妈妈的爱。

这就是为何你担心的越多，担心的事情越容易变成真的。

而且因为过度保护，再加上妈妈焦虑情绪的传染，孩子容易得“脆弱儿童综合征”。家长的焦虑会使孩子的免疫力和耐受力下降，从而影响身心发展，让孩子变成一个身体和心理都脆弱的人。

## 02　苛求完美，着眼于孩子的缺点

这种焦虑会让孩子变得不自信或特别叛逆。

著名亲子教育专家海文颖曾说：“父母没有接纳力，孩子没有幸福力。”换句话说，父母拥有接纳力，才能成就孩子一生的幸福。因为孩子被心中最重要的人接纳，才能学会接纳自己，相信自己，觉得自己足够好，这样才有充足的空间激发自己的内在动力，去获取人生的幸福。

经常遇到一些咨询者——大多是妈妈，在聊天的过程中，我发现她们总是不停地强调孩子的缺点，甚至会不自觉地将缺点放大数倍。从她们的讲述中，我看到的是过度焦虑的妈妈和疲惫无力的孩子。

这些妈妈对孩子的优秀视而不见，觉得是理所当然，却用高倍数的放大镜去放大孩子有待成长的特点。而且她们总喜欢用世俗的标准，比如听话、外向、成绩优秀来要求自己的孩子，并由此觉得达不到自己要求的孩子问题多多，不够优秀。结果，一部分孩子在力求完美的爸爸妈妈的指责中不断地接收负面的信息，渐渐把自己定格在不良的程序中：“我是不行的，我是不好的。”而另一部分孩子则变得过分叛逆："我就是不想成为你说的那个样子！"把自己身上不好的一面变得更加不好。

每个人都有自己的性格特征和人生之路，成功的路有千万条，外向的人难道就比内向的人更容易成功？

爸爸妈妈们的这种焦虑来源于对未来的美好期望和对孩子无尽的爱，本来出发点是好的，却因过度而产生了攻击性，让孩子只能感受到压力，感受不到爱。

所以，请试着接纳你的孩子，学会共情，学会倾听，学会赞扬孩子的优点，弱化孩子的缺点。这样，你会变得更加快乐，孩子也会变得更加自信、幸福。

## 03　望子成龙心切

这种焦虑会让孩子压力倍增，甚至厌学、抑郁。

有一种妈妈，怀孕时天天听莫扎特、贝多芬，孩子出生后，小小年纪就让他背古诗，再后来还要报各种特长班，以多才多艺为目标，逼迫孩子学习自己根本不感兴趣的东西，生怕孩子少了哪项技能就会比不上别人。

其实，兴趣才是最好的老师。让孩子多学一些东西没错，但前提应该是孩子感兴趣，否则你越逼迫，他就越厌恶学习，越是不想让孩子输在起跑线上，结果却真的在起跑线就输了！

尤其要说的一点是，做父母的千万不要把自己未实现的梦想强加在孩子身上，逼着他去弥补自己当初的遗憾。孩子不是谁的复制品，也不是谁的工具，他有自己的路要走，我们可以引导，却不能强迫。

国外一项心理学研究证实，焦虑型妈妈比一般的妈妈对孩子更严厉，并且很少表扬孩子或与孩子的意见一致。而被焦虑型妈妈抚养的孩子会对疼痛更加敏感，不愿参加有风险性的游戏，更愿意接受弱小角色。焦虑型妈妈也往往会偏向于认为孩子在面对任务时会有焦虑，从而暗示孩子回避任务。

你的焦虑正让你的孩子变得敏感脆弱、没有安全感、没有自信、不接纳自己或者叛逆，他们会认为父母不够爱自己，从而影响亲子关系。

请学着放下焦虑，成为心态平和的家长，不要把你美好的期望和无尽的爱，变成对孩子最有杀伤力的武器！

## 是不是一位好母亲，与学历和地位无关

经常有一些妈妈来问我：“我的学历不够高，不懂得怎么教育孩子，怎么办啊？”

其实，能否成为一位好母亲，跟学历并没有多大的关系。

记得我在上高中的时候曾看过一个故事，讲的是一位患有心脏病的妈妈，在买菜回来走到楼下时，看见两岁大的女儿在窗户边上笑呵呵地向她挥手，结果小家伙爬着爬着就从10楼掉下来了。她拼命地向前跑，奇迹般地徒手接住了坠下楼的孩子，最后孩子安然无恙，可她却因为心脏病发作过世了。

新闻报道播出之后，有短跑运动员曾去试过，却没能跑出与这位妈妈相同的速度，而这个速度至今也未被超越。更有人测算过，接住下坠女童的一瞬间，相当于要承受300千克的重量，世界上又有几个人能扛起这么重的东西？

这是一位母亲在孩子遭遇危险的瞬间爆发出的常人难以企及的能量。在生与死的时刻，相信做母亲的都愿意为孩子付出生命。但是在日常生活中的很多时候，我们却不愿为孩子做一点点的改

变，比如改掉总对孩子大吼大叫的毛病，改掉总是催促孩子的不耐烦。

其实，做一位好母亲，绝大多数时候并不需要面对什么危险境遇，而是只需在生活里做些小小的改变。

## 01 总是保持微笑

我曾看过这样一条视频：一位不识字的泰国妈妈教出了一个令人骄傲的毕业于世界名牌大学的女儿。视频中的这位泰国妈妈看起来总是不疾不徐，却浑身洋溢着母爱的光辉。她总是话很少，却不断用眼神和爱鼓励孩子。她慈爱、善良，而且富有智慧。

很多时候，鼓励比惩罚更有效。

很多时候，微笑比唠叨更有感染力。

很多时候，用爱就可以感化你的孩子。

## 02 生活是最好的老师

这位泰国母亲说，我没有上过学，不知道该怎样教我的女儿，唯一能做的就是让她从生活中学习。

从耐心地给女儿示范怎样削菠萝，到让女儿自己去菜市场看别人是怎么卖东西的，泰国妈妈虽然没有学富五车，不是才高八斗，却有丰富的生活阅历，正是因为从生活中得到了许多经验，于是她也把女儿引荐给生活这个最好的“老师”。

有时候，讲再多的道理，都不如从一次实践中学来的东西更深刻。自己通过实践得来的收获，才是别人拿不走的宝贵财富！

## 03 懂得放手，但不放任

很多家长都误解了放养的意义。放养的本意是如果有一天父母离开了，孩子也能很好地生活。然而放养并不等于放任孩子不管，看着他去撞得头破血流，因为过多的挫折会让孩子变成“习得性无助”，遇事畏缩不前。

泰国妈妈的方式是聪明的，她在女儿遭遇困惑时并没有放着不管，也没有直接出手解决，而是给出方法，比如去菜市场看看，让女儿自己去体会、去实践。在女儿实践的过程中，她会默默地跟着，在孩子回首就能看到的地方给予鼓励和微笑。

我们想让孩子学会独立，这是对的，但也要懂得如何正确地引导，给予适时的关注，这样孩子才更有独自走向世界的勇气和信心。

## 04 帮孩子实现他的想法

当女儿不经意间说出可以帮妈妈把做好的菠萝冰激凌卖掉时，妈妈选择了支持，并且是坚持到底的支持。

生活中，当孩子有这样那样的想法时，你有没有觉得他是异想天开？很多时候，我们会驳回孩子提出的意见和想法，甚至不曾支持孩子的兴趣爱好——当他想学舞蹈时，想做舰艇模型时，我们却总觉得那是在浪费时间，会耽误学习。

然而，孩子不是我们的附属品，他是个独立的个体，他的想法需要被尊重，越是被给予充分尊重的孩子，才会越有自信、越有自尊！

是否能成为一位好母亲真的跟学历无关，甚至跟金钱和社会地位也无关。“好”的标准，只关乎你的眼界、思维、格局，只关乎你有没有用心去爱你的孩子！

## 家长会“偷懒”，孩子更独立

想想看，当我们通过努力做完一件有挑战的事情，是不是很开心？就算累，也是很有成就感的吧？

孩子也是这样呀！所以家长学会“偷懒”，适当放手，才是让孩子健康成长的好办法。

### 01 不包办、不代办，让孩子做力所能及的事

我跟涵涵一起去游乐场，她要玩串豆豆的游戏。涵涵选择了要做的图案，准备大展身手。

坐在我们旁边的一位小女孩也是刚选好游戏坐下。女孩大概七八岁的样子，由爷爷陪着，爷爷在一边帮她数格子，她直接拿起彩笔往格子里填充。

后来女孩的妈妈来了，小女孩便向妈妈求助：“妈妈，这里我跟爷爷弄了半天都没弄好，你帮我看看。”妈妈看了看，说：“你看这样不是就可以了吗？看你跟爷爷笨的（是嗔怪的语气，并不是真正指责）。”女孩干脆把工具递给妈妈，妈妈便动手做了起来。做

完后，女孩把作品交给店员，让店员帮忙压好，然后把成品让爷爷拿着，便去玩其他的游戏了。

再看周围，很多孩子都是自己独立做完，他们兴致勃勃地把作品亲手交给店员，然后急不可耐地等着它烧出来，在等待作品降温的时候还时不时拿手指试试温度，小脸上洋溢着富有成就感的笑容。

我见过很多急于去指导孩子，甚至替孩子包办一切的家长，他们的孩子并不会因为自己省了力而开心，反倒会因为被剥夺了亲自动手的机会鲜少体验到成就感，对什么事都提不起兴趣。就像这个小女孩，对游乐场里的游戏反应平平淡淡，玩过就抛开，完全没有其他小朋友的兴奋和热情。

包办一切的危害不止如此，它不但让孩子无法获得独立解决问题、独立做完某件事的成就感，还会让孩子没有自信，过度依赖大人，一遇到问题就找爸爸妈妈。小时候的问题家长也许能够帮忙解决，可长大后的问题也要靠父母解决吗？到那时，孩子很容易就会被困难打败，家长又要嫌他不够独立、不够有担当。出现这样的情况，到底是谁之过呢？

还记得那个 17 岁就考上中科院的神童魏永康吗？他的母亲曾学梅认为，孩子只有专心读书将来才会有出息，于是她将家中所有的家务活儿都包下来，包括给儿子洗衣服、端饭、洗澡、洗脸。为了让儿子在吃饭的时候不耽误看书，魏永康读高中的时候，曾学梅还给他喂饭。后来读湘潭大学时，曾学梅也一直跟在儿子的身边陪读，照顾儿子的饮食起居。

在这样的环境下，这个学习方面的天才在生活中简直不如孩童。他下雪天穿着单衣和拖鞋在校园里穿梭，平时脏衣服、脏袜子堆得寝室里到处都是，跟同学也无法正常交流。明明该是人人羡慕的天才，学校最终还是将其劝退了，理由是生活自理能力差。

一个能够正常参与生活琐事、对力所能及的事可以亲力亲为的人才会开心快乐，不然不就像靠程序代码操控的机器一样？

不少人都说，要培养孩子的成长型思维。培养成长型思维包括重要的一点，那就是当孩子遇到困难时，尽量先让他自己尝试着解决。有了独自解决问题的过程，孩子才会知道：哦，原来我只要努力就能够有所收获，我的成就并不是运气使然！

诗人于戈曾说：“作为父母，你什么都可以给孩子，唯独对生活的经历，喜怒哀乐、成功挫折，你无法给孩子。”

你替孩子规避的那些挫折，有朝一日生活都会如数奉还。

## 02　扬长避短是最有效的教育方式

父母都是自家孩子的超级“粉丝”，在最初的某个阶段里，我们都会觉得自己的孩子很聪明，很了不起，样样都出色。但慢慢地，一些父母就会明白过来，自己的孩子并不是天才。可有的父母还是会比较，看见朋友的孩子报了兴趣班，就逼着自己的孩子去上课；看见别的孩子会加减法了，会认字了，会背诗了，也逼着自己的孩子去学、去背。

我周围有很多爸爸妈妈，看见别的孩子的长处，就拿自己的孩子做比较，若是孩子在这方面有不足，他们就开始焦虑，然后想办法让孩子提高，最后弄得家长和孩子都筋疲力尽。

要知道，你的孩子不可能是全能的。如果我们教育孩子的时候能够扬长避短，让孩子的长处更长，短处只要不阻碍长处的发展就好，那孩子在做自己喜欢的事的时候，是不是会更开心、更有动力？家长看似偷了懒，却把精力放在了刀刃上，最后孩子发展好，家长也不累。

不要再去比较了，想想自己孩子的长处吧！很多人一辈子都在改缺点，而那些一直专注于自己长处的人，最终奋斗到了金字塔尖，他们的缺点也早已被优势的光芒所掩盖。

所以，教育最有效的方法是扬长避短，而不是劳心劳力地弥补不足。

做家长的不要被孩子绑架，也不要被孩子的困难绑架。学会在教育中“偷懒”和放手，让孩子学会自己解决问题，让孩子能够发挥所长，这才是我们应该做的。

## 愤怒妈妈的情绪管理

涵涵处于第一叛逆期的时候，常见的口头禅是“我已经长大了，我要……”“我已经长大了，我可以……”。另外，她那时还处于绘画敏感期，到处涂鸦，时不时就来个“人体彩绘”。更叫人郁闷的是，她还处于“俄狄浦斯情结”期，对爸爸深深迷恋，让我很吃醋。

总之，那时的孩子很熊，而我很忙，所以很多时候我会控制不住自己体内的“洪荒之力”。不过，后来我突然发现，对涵涵发火的次数要比之前少了好多，这得益于我的调整。

很多妈妈都问到一个问题，总是忍不住对孩子发火怎么办？答案好像只有一个，那就是控制情绪。但我们可以为了孩子付出一切，却很难为了孩子去改脾气。看来，控制情绪好像比什么都难。

事实上，我们的生活离不开情绪，它是我们面对外面世界时的正常心理反应。情绪有两种，即消极的和积极的，我们要做的就是不能成为情绪的奴隶，不让消极的心境左右我们的生活。

## 01 先找找情绪失控的原因

我之前特别想做个完美的妈妈，想给孩子一日三餐都做得好吃有营养，想给孩子提供一个干净、整洁的生活环境，还想给孩子讲故事、启蒙英语、做好早教，最后我还想做自己喜欢的事，比如写作。

后来我发现，在这样的要求下我不但压力倍增，还很疲惫。人累了肯定就容易发火，所以我就改变目标，现在的我只要做个及格的妈妈就好。

有的妈妈面临的是其他压力：生了二胎后，妈妈要照顾大的，还要照看小的，老公忙得搭不上手，老人又不能帮助很多。再加上自从有了老二后，老大就开始企图通过“不良行为”引起妈妈的关注，于是妈妈就会动怒。

## 02 出去走走，亲近大自然

不知道你有没有发现，闷在家里，越闷越郁闷，出去走走，反而海阔天空了。

密歇根大学心理学家斯蒂芬·开普勒做过一个有趣的实验，他让两组人员分别在不同的环境中工作，一组的办公室窗户靠近自然景物，另一组则靠近喧闹的停车场。结果发现，前者比后者对工作的热情更高，工作效率也高，更少出现不良情绪。

所以，当心情不佳的时候，不妨带着孩子，推着车子，去离家近的公园里走走，看看翠绿树枝，闻闻花草的味道。实在没办法出去，那就看看窗外的景色吧，暂时忽略“熊孩子”，先让自己的情绪平复下来。

遇到难以控制的火气时，先做深呼吸，等情绪平稳了再跟孩子沟通，这样效果会更好。

### 03　保持乐观的心态

上高中时，我跟同学去校外吃早餐，可能因为快放假了，那天我们出去的时候很多餐馆都关门了，跑了好几家都没吃到早餐。我心里想：好浪费时间啊。同学可能察觉到了我的失落，就笑着说：“走一走真好，就当锻炼身体了，我们现在学习这么紧张，难得有这样的时间。”我突然发现，原来还可以这样想问题，此后再遇到这种事，心里一出现悲观的念头，我就赶紧打住，让自己往好的方面想。在这种不断地将潜意识意识化的训练下，我渐渐就没那么悲观了。

所以，很多时候不是真的那么糟糕，而是我们自己的心态不够好。同样的牌在手，关键看打牌的人如何出牌。也许让你耿耿于怀的那些“糟糕”的牌，正是别人羡慕的呢！

除了上面这三条，还有一个控制情绪的法宝，就是作息规律。熬夜的人容易发脾气，不吃早餐的、饥饿的人容易发脾气，提前安排好生活，规律作息，保持好心情就不会很难。

还有一点需要注意：喜欢发无名火的妈妈，在发脾气后一定要和孩子说明白，让他知道你为什么发火，不然孩子容易没有安全感，因为他不知道妈妈在什么时候、因为什么会变得面目狰狞。

总之，如果你忍不住发脾气，首先要做的是原谅自己，而不是一味地陷入自责、后悔，然后循环往复。先接纳自己的不良情绪，然后学会管理情绪，这样才能做情绪的主人。

不光是你，孩子也会有不良情绪，所以也要教给孩子如何正确地表达情绪、疏解情绪。这是一个学习的过程，需要我们和孩子一起努力。

# 别让你的孩子一生都在治愈童年

## 父母吵架，对孩子的杀伤力大到你难以想象

之前就知道父母吵架对孩子不好，但学了心理学后才了解，原来父母吵架带来的影响竟然这么大。

一个朋友知道我在学心理学，于是给我打电话想聊聊她孩子的情况。

她说，前两天接到老师的电话，说孩子在学校跟别的小朋友发生了争执，吵着吵着竟然抽动晕厥了。老师吓坏了，赶紧给她打电话。她把孩子送到医院后，医生给出的诊断是“抽动症”。

原来，他们夫妻俩经常为了一些小事吵架。我朋友脾气火爆，她老公也不忍让，再加上还有一个爱搅和的婆婆，家庭关系可谓剑

拔弩张，两天一小吵，三天一大闹。

我们都知道，安全感对孩子一生都很重要，而父母关系和谐是帮助孩子建立安全感的主要因素。爸爸和妈妈作为孩子最亲近的人，如果关系一直不好，互相谩骂、指责甚至拳打脚踢，就容易导致孩子缺乏安全感。缺乏安全感会加重焦虑，又没有人能倾诉，心里的情绪发泄不出去，时间长了，孩子的心理防御就会转化成躯体方式体现出来，于是就出现了抽动症的症状。

这么看来，朋友家孩子出现这种情况根本不是因为身体上的疾病，而是因为心理问题，他需要的是心理疏导。

心理学研究表明，夫妻之间经常吵架，孩子出现心理问题的概率达32%。父母争吵比离异带给孩子的伤害更大，而且这种伤害像是慢性病，隐匿且病程漫长。

记得涵涵很小的时候，有一次我们一家三口在爷爷奶奶家，涵涵爸爸不知因为什么说了我两句，我就气冲冲地上楼了。后来涵涵爸爸说，我走之后涵涵玩得很不专心，不停地对着爸爸喊：“妈妈？”

那时涵涵还小，只会简单的词语，但爸爸看得出她是想让他来找我，于是就抱着涵涵上楼。上来后他打算去客厅，可她坚持指着卧室，并把身子探向卧室的方向，非得让他进来。爸爸知道孩子的心思，就来跟我和好了。

后来我学了心理学才知道，孩子在4个月的时候就有了深度感知觉，也就是说，即便是婴儿也会对父母的争执产生反应——表现为身体僵硬、哭闹、睡不安稳、易生病等。

若细心观察就会发现，当我们跟爱人吵架的时候，孩子会表现为无所适从、身体僵硬、想哭又不敢哭。再大点的孩子会因为父母的争吵闷闷不乐，甚至有的孩子会因此背上沉重的心理负担，因为他们会觉得父母吵架是因为自己。

对孩子来说，父母就是他的整个世界，千万别因为我们自己的一时脾气而伤害孩子幼小的心灵。吵一架，心里痛快了，可给孩子留下了很深的伤害，你舍得吗？

我有个闺密，她的父母在她小时候经常吵架，可悲的是，几乎每次吵架都是因为她。目睹最爱的两个人因为自己互相伤害，而且经常上演这样的画面，她内心的创伤可想而知。

长大后，她几乎没有什么朋友，因为不喜欢与人交往。最要命的是，她经常一说话就在不知不觉中把人伤了。倒不是她的话有多刻薄，而是语调和要表达的意思大相径庭。因为这个缺点，她在大学时只跟我们宿舍的人来往，也没有男朋友。后来结了婚，幸亏老公比较包容她，但两个人也是争吵不断。

我们常说，父母是孩子的第一任老师，是孩子学习和模仿的主要对象。父母争吵，不仅会给孩子带来不安全感，孩子也无法学会正确的交往技巧，等他们长大了，自然无法与他人建立起良好的亲密关系，很可能会在人际交往和情感上受挫。

长期生活在争吵环境中的孩子会出现两个极端：一种是自卑，

不愿或不善与人交往，有的甚至将自己封闭起来；另一种就是是非观念模糊，认为只要自己够横、够强势，就能让别人听自己的。

无论是哪一种，孩子的内心都是缺乏安全感的，甚至心中有很大的阴影，成年后也难以抹平，易对婚姻恐惧、失望。就如我的闺密一样，在婚姻里会遇到很多问题。

我们是因为爱才组建了家庭，因为爱才生下了拥有两个人血缘的孩子，所以，要珍惜一家人能好好在一起的时间，不要当着孩子的面争吵不休，肆意伤害孩子幼小的心灵，更不要把孩子拉进旋涡，让他去站队，去对抗自己的另一半——这不是让孩子左右为难吗？这不是要把孩子的心撕裂成两半吗？父母双方共同给予孩子生命，他能舍弃哪一个，又能不爱哪一个？

婚姻不易，且行且珍惜。吵架只是一时发泄了愤怒，却严重伤害了孩子！

## 父母总是对的，会对孩子造成什么影响

一个下雨天，我跟涵涵一起出门，走到楼下才发现忘记带伞了。当时着急去上课，我就说："哎呀，刚才都说了外面在下雨，你都不知道提醒我一下。"涵涵问我："妈妈，为啥你自己忘记了却要怪我呢？"

一句话把我给问笑了。

还有一次，我对涵涵说，你看 ×××，她妈妈让做啥作业她就做，我给你多布置一点儿，你就不愿意。于是涵涵问我："妈妈，我有说过你的直播没有 ××× 做得好吗？你为什么要拿我跟别人比？"

我又笑了，说："宝贝说得好！下次妈妈这样，你还这么'怼'我。"

我能这样让涵涵反驳，得益于我的榜样——开明的涵涵姥姥。从小到大，她从来没有以"我是你妈""我说的都是对的""我是为你好"来说我。

从小到大，每一个人生路口的抉择都是我自己定的，老公也是我自己选的，带回去给他们看了，我妈说："你喜欢就成，那孩

子看起来挺老实，但是他要欺负你，你一定要告诉我们。”

但是，不是所有人都像我妈妈一样，我身边也有那种特别较真的人，凡事总要把对错争明白。如果他是对的，对方就必须承认自己错了；可轮到他自己犯了错，却从来都不肯承认。

假设这样的话，我和涵涵的两次对话会怎样进行呢？

第一次，我会不断证明，你没提醒我就是你不对；第二次，我会坚持不是在比较，而是为你好，你得听我的。

就算某一次的争论中真的是我错了，我也会不承认，反而会顾左右而言他，比如翻旧账，比如扯到孝道上来——我是你妈，你怎么跟我顶嘴，这是不孝！

我身边就有这样一个人，他自己身无长技，却容不得别人说他哪怕一丁点儿不好，还会贬损别人。

比如，你跟他说：“我不会骑电动车。”他会说：“你还有脸说，连个电动车都不会骑。”

这时你千万不能争辩，更不要反驳说某项技能你会他不会，因为你戳中了他的自尊，他会开始没完没了地证明自己比你强，甚至会情绪失控跟你动手，诅咒你全家。

一个人如果特别看重面子，其实就是自恋。

“自恋狂”会认为任何时候自己都是对的，如果有人戳破了他的“面子”，他心中的“我”就破碎了，所以他会恨不得这个人消失。

遇到这样的人，我们可以远离他，尽量不来往。但若是遇到这样的父母呢？

这类爱面子的父母喜欢让别人觉得自己是对的，你不能给他们讲道理，或者争辩，因为他们压根儿就不听。他们跟子女讲伦理、讲孝道，就是不讲道理，孩子不听他们的话，就是不对，就是不孝。

在他们看来，就算很小的事情也要争出个对错，事儿本身并不重要，重要是谁对。

无论是在夫妻关系里，还是在亲子关系里，他们都是极度自恋的，家里的权力斗争都会围绕着这个核心开展：我是好的、你是坏的，我是对的、你是错的。

在这样的家庭里长大的孩子会变得很自卑，他们会觉着“父母对我好，是因为我很好；父母对我不好，那肯定是我不好”。以后在工作上遇到挫折，在社会中遭遇不公平的待遇，这些孩子也会觉得是因为自己不够好。

爱面子的父母甚至会让孩子变得不愿意向他们倾诉。

如果孩子说自己在学校里被同学欺负了，这类父母的第一反应会是骂自己的孩子：“人家咋不欺负别人，就欺负你？是不是你跟坏孩子一起玩？是不是你不够好？”长此以往，孩子再遇到类似的事儿就不会告诉父母了，因为告诉之后不仅得不到安慰，还会被指责，而校园霸凌恰恰会因为孩子忍气吞声好欺负，背后又没有人撑腰，愈演愈烈。

然后，等这些总被父母驳斥的孩子长大，很可能也会这么对待自己的孩子。

为了避免此类情况发生，作为父母，我们错了就要大胆承认。

父母认错对孩子真的很重要，会让孩子觉得：

①我是一个值得被尊重的个体，我要自尊自爱，与人相处时不刻意讨好，也不尖酸刻薄，我懂得不卑不亢的分寸；

②人人都可能犯错，我会接纳自己的不完美，不怕犯错，不过度虚荣，不为了掩饰错误而不敢挑战自己，甚至撒谎、作弊。

可别小看我们错了就承认的行为，它不仅能够让孩子觉得自己值得被尊重，接纳自己的不完美，还能让孩子从中学会明辨是非，敢于承担责任。

想要培养一个阳光向上的孩子，一定要重视这些看不见的细节。相比成绩，让孩子心理健康、积极向上，更加重要。

## 孩子的童年不能缺少仪式感

仪式感是什么？

“它就是使某一天与其他日子不同，就是某一时刻与其他时刻不同。”《小王子》中的狐狸如是说。

一天下午，梁老师给我发了一段话，让我非常惊讶。

梁老师说：“涵涵今天早上做操时来了，老远看见我就敞开衣服腆个小肚子，当时我真的没有在意和多想。吃过早饭我对孩子们说：‘宝贝们，今天下午放学后我们就要上幼儿园的宝贝电视台了。’孩子们高兴地举着手，我突然看见涵涵脸上洋溢着很开心的笑容，还给旁边的小朋友看她的衣服，这下我才恍然大悟。涵涵早上是想让我夸夸她的衣服，因为今天要上电视了，妈妈给她穿了新衣服。”

我从早上 5 点多起来一直忙到下午 1 点多，忙完才发现又忘记吃饭和喝水了，但看到“涵涵脸上洋溢着很开心的笑容”这句话，我浑身霎时又充满了力量。

人们在生活中需要一定的仪式感，这个小小的仪式其实就是一种强烈的自我暗示，让自己的注意力更集中、更认真、更用心，仪式感在暗示你必须认真地对待这件事。

我想，当我给涵涵穿上新衣服和小红皮鞋时，她小小的心里对于去幼儿园的宝贝电视台这件事一定是充满庄严感和郑重感的。想想也是，我们穿着牛仔裤去听一场音乐会的感觉，肯定和穿着小礼服去是不一样的。

当涵涵看到她身上的衣服时，相信她会感觉到妈妈的爱是跟她在一起的，从而更有安全感，内心充满幸福的力量。这样一个小小的心思，就带来了翻天覆地的变化，让一个有点内向的孩子敢于去表达、去表现。

有了涵涵后，我尽力给她充满仪式感的养育，这个习惯得益于我的妈妈。

我出生在农村，小时候家里并不富裕，但我的妈妈十分重视家里每个人的生日，一到过生日的时候，她都会精心准备一顿美餐。记得有一年，家里连买菜的钱都没有了，可刚好赶上我的生日，妈妈便极其用心地用家里现有的材料给我做了一碗酸汤面。我看得出妈妈的内疚，但我并不觉得这餐饭简陋，反倒至今都记得那碗酸汤面的味道，它是我吃过的天地间最好吃的东西。如今想来，大概是因为那碗酸汤面里凝聚着一个妈妈全部的爱吧。

妈妈总把我们的生活打理得有滋有味。她会翻着花样给我们扎小辫，没钱买新衣时就自己学着给我们做。初中开学那天，我穿了一条妈妈亲手做的裤子去上学，当时连学校的老师都夸它很漂亮。其实，那只不过是妈妈用旧裤子改造而来的，但我至今仍记得别人夸我时的那份自豪感，记得那条裤子的每一个细节。

正是妈妈教会了我如何热爱生活，所以如今我也非常重视家里属于每个人的特别日子，无论是生日还是纪念日。在那个日子到来时，我会给每个人制造一个小小的惊喜，那小小的惊喜里隐藏的小小心意，家人肯定能感觉得到，于是家人之间的感情温暖了，家庭凝聚力也增强了。

前几天过节，涵涵收到了一份礼物——一套儿童化妆品，那是她期盼已久的礼物。

小丫头觉得自己好幸福呀，大家都如此关心记挂她，知道她想要什么。而在拆开礼物的那一刻，看着涵涵灿烂的笑容，浑身洋溢着的幸福感，我的心里也乐开了花。

涵涵爸爸在我的带领下也开始给家人制造惊喜。在涵涵生日之前，爸爸送了她一份生日礼物，是一副玩具棋。涵涵刚收到就迫不及待地打开了，然后拉着我一连玩了3局。生日一整天，孩子都是乐呵呵的，眉角、眼梢都是笑意。相信等收到我送的带服装设计的芭比娃娃，她会幸福到尖叫。

正是在成长中每一件富有仪式感的小事里，孩子才能感受到身心被点点滴滴的爱和关注包围，才会因为自己的被爱而觉得幸福，从而也拥有爱人的能力。

王小波说：“一个人只拥有此生此世是不够的，他还应该拥有诗意的世界。”

是啊，如果生活少了仪式感，那几十年如一日的生活，大概味同嚼蜡吧。你看，我们总是能轻易地想起那些充满仪式感的日子，比如结婚纪念日的烛光晚餐、毕业时那顿散伙饭。

仪式感是我们热爱生活、尊重生活的印记，它就像生活里的佐料，让我们平淡无奇的日子，变得更有层次感和幸福感。

仪式感是每一个平凡的日子里精心制作的生活惊喜，它总是能神奇地让今时与往日不同，能让生活多姿多彩，能让日子变得有滋有味，能给我们留下更多美好的记忆。

生活中的仪式感不需要太多，也不需要铺张，它不是非要用钱才能堆砌出来的，朴实温暖就好，走心就好。比如下面这些小事就是我们可以做到的：

①让节日或者重要纪念日过得与其他日子稍有不同，也许是做一道不一样的菜品，或者准备一束小花，全凭自己心意。

②给孩子买个心仪已久的礼物（比如涵涵的儿童化妆品）。

③过节时全家一起拍照，最好能冲洗出来挂在墙上或保存在相册里。

④认真对待孩子开学的第一天和学期末的最后一天。

⑤隔段时间带孩子去吃一顿不一样的大餐（因为小孩子对吃的东西记忆深刻，也是他们的最爱）。

当然，除了我们给孩子准备惊喜，也可以让孩子给我们准备惊喜。就像我生日之前，他们父女俩会偷偷商议给我送什么礼物，那个时候涵涵也会很开心。这份开心既包含她付出的爱，也让她感受到了爸爸对妈妈的爱。其实，夫妻之间更多一些爱的表达是能给孩子安全感的，因为孩子是最期盼父母感情好的人。

## 有个玩伴，对孩子真的很重要

涵涵上大班的时候，一个做心理咨询师的朋友就对我讲过孩子玩伴的重要性，因此我特别鼓励让涵涵去找同龄的小朋友们玩。

有些家长觉得，孩子有自己陪伴就不孤单了，但实际上，自由自主的同伴游戏能给孩子带来更纯粹的快乐。有时候我们大人看到孩子玩的游戏觉得很幼稚，比如他们喜欢在公园你追我、我追你地跑来跑去，虽然有一定的规则，但我们看着也没多有趣。

再说涵涵，她经常会找对门的小女孩来玩，两人要么一起玩磁力片，要么玩捉迷藏，非常开心。特别是捉迷藏，只有跟同龄孩子一起，她才能尽兴。像柜子里、床底下，这些大人很少会藏的地方，对涵涵和她的小伙伴来说，反而是最棒的藏身处。

还有时候，两个孩子在一起玩，其中一个说："床底下有大怪物！"另一个就会帮忙找到，然后打死或者抓住，甚至用魔法把大怪物给变个模样。像这种"捉妖怪"的游戏，不仅能让孩子展开想象，还能缓解孩子对妖怪、对黑暗、对狭小空间的恐惧。如果和大人玩，情况就有可能不同了。大人会说："哪里有什么怪物，别瞎说！”一句话就让孩子觉得无趣，哪里还能想象出后面那些离奇好玩的情节？

记得有一次在酒店里，涵涵玩起来“助跑后一下子扑倒在床上”的游戏，就这个简单的游戏，她一个人玩了好久。我看她玩得起劲儿，自己跟着做了一次同样的动作，没感觉到哪里有趣，反而差点把腰闪了。

大人要么无法理解孩子游戏的乐趣，要么没有相应的身体条件陪孩子去玩游戏，正因为如此，随着孩子越来越大，他们就越来越需要同龄的玩伴。

跟大人在一起玩，甚至跟兄弟姐妹在一起玩的时候，孩子都不可能体验到完全的平等，但跟同龄玩伴在一起时就可以。他们不仅能够肆意欢笑，还能学会很多人际交往的规则，比如，遵守规则，如何解决冲突，有时要懂得妥协，有时又要坚持自己的立场，等等。

孩子跟同龄人一起玩，有利于培养他们的社交能力，最重要的是，在这个过程中他们逐渐走向了独立。

涵涵以前是个不愿意离开妈妈半步的孩子，现在竟然也愿意让我先走，一会儿再来接她，并且敢于自己去寻找玩伴。这些都是孩子独立的开始。

正如大人聚在一起时会吐槽孩子一样，孩子跟同伴在一起也会吐槽父母。孩子也有获得“片刻安宁”的需求，在跟朋友相处的时间里，他们逃离了大人，没有了约束，能根据自己的意愿去做事，那是他们最幸福的时刻。

还有，在与同伴交往的过程中，孩子们能互相学到对方身上一些优点，并且能在讨论、商量的过程中获得思维的发展。和同龄的玩伴在一起玩一玩、闹一闹有很多好处。

没有玩闹只有学习的生活是不完整的，希望每个孩子都可以在同伴的陪伴下得到真正的快乐和成长。

# 七八岁孩子和妈妈之间的微妙关系

涵涵步入8岁已经半年了，在这半年多时间里，我在日常琐事中越来越感到，她与我的关系比以前更为复杂、微妙，也更为紧张。

## 01 格外依赖妈妈

《你的8岁孩子》这本书中说："典型的8岁孩子和妈妈之间的关系，比在任何其他年龄段都更为'拎不清'。他相当依赖妈妈，不仅很在乎妈妈为他做了些什么，而且还很在乎她对他的想法。"

总结得太到位了！

我发现8岁的涵涵比以往更黏人。之前只要家里有3个或3个以上的人，她就会在屋子里忙自己的事情，除非家里只有我和她，涵涵才会一直跟在我后面，我走到哪里就跟到哪里。现在就算我们一家三口都在家，她也是经常跟在我后面，或者至少要跟我共处一室，哪怕是在玩、在做作业、在阅读。

《你的8岁孩子》中还有另一段话也特别准确："8岁孩子要么

喜欢幻想情景剧，要么喜欢棋盘游戏或者扑克牌，而且往往是没完没了地玩下去。这些游戏固然能令许多孩子乐此不疲，却也会让他的妈妈玩腻了。”

那段时间最怕涵涵抓着我下棋了，象棋我不喜欢，国际象棋更是不会，可她非得教我。没办法，为了不被折磨，我就拿爸爸来当挡箭牌，跟她说了好多爸爸下象棋有多厉害的故事，哄得她转了矛头。

可躲过了棋类游戏，还有她喜欢的扑克牌呀！整天拉着我和她爸爸一起陪她打牌。这时候必须全身心地投入，如果心不在焉地玩，她是要对我生气的。

有时候她的这股黏人劲儿真的会把人弄得很烦，但想想这是孩子这个时期的特点，我就又没那么大的情绪了。

做家长的可不要小瞧这“烦人”的 8 岁，如果这个阶段母子关系能够相处好的话，等孩子 9 岁时，就能慢慢地脱离对妈妈的依赖，转而去寻求与他人之间的良好关系了。反之，如果母子关系不够好，可能会导致孩子感情上严重的失落，为以后孩子不良的人际关系埋下隐患。

孩子就黏你这一年，等 9 岁了，不黏你了，说不定你还要失落呢！这么想着，我有时也会主动陪涵涵玩一些她喜欢的游戏。毕竟孩子开心，是最能让父母欣慰的事情。

## 02 渴望妈妈的关注

除了很黏人，涵涵开始见不得妈妈对他人表示关心和关注，别说是自己的同学，有时我关注爸爸多一些都不行。

8岁的孩子是特别希望获得妈妈关注的。比如，涵涵收拾好了房间，就期望我看到并夸一夸；她建造了一个漂亮的城堡，也非得等我回来看。

有时想想，这种喜欢跟妈妈分享自己成果的行为也挺好的，等孩子到了青春期，把自己房间的门一关，禁止父母打扰，那才让做父母的堵心呢。身边有一些朋友的孩子进入青春期后，跟父母几乎没有什么交流，每次听他们描述亲子关系时，我就想涵涵到时千万别把我推得远远的，希望她还是乐于跟我分享一些好玩的事情。

## 03 也会抵触妈妈

8岁的孩子很矛盾，他们对妈妈的要求多了，但又很抵触妈妈。

涵涵此时的口头禅就是“唠叨”，很多时候我才开口，并没喋喋不休，她就会说我“唠叨”。

其实，这并非真的就是我的问题，而是孩子对我的感觉。根据《你的8岁孩子》这本书上的理论，这应该算抵触的一种。

孩子的想法矛盾多变，但也不是没有沟通的方法。他们喜欢你给暗示，比如点一下头，或者眨一眨眼，发出做某件事情的暗号，这样他们就不会很抵触。

像现在，让涵涵饭前洗手的时候可不能说“不讲卫生”之类的话，不然“唠叨”二字就要扣在我的头上。不过，我只需要说一句：“手！”她就乐意乖乖去洗，因为她会觉得这是我们之间特殊的秘密。

《你的8岁孩子》中还有一段话："尽管8岁孩子非常爱他的妈妈，而且常常很不避讳地流露出对妈妈的爱恋，但是，当他愤怒的时候也会咬牙切齿地对她说些狠话，比如说'你是个讨厌鬼'。他对别人犯的错误十分敏感，尤其是妈妈的错误，而且会毫不客气地对她指出来。"

我们家涵涵就是，爸爸犯了错，她顶多说上一句，我要犯了错她就抓住不放，必须让我承认错误。我不承认的话她就记在心里，等下次她犯了错，也不承认，还会说这是"向妈妈学习"。

其实，当我们放下面子，把自己的错误、自己也做不到的事情坦露在孩子面前时，孩子能感受到我们的真诚，反而会更愿意跟我们说心底的想法。

有一次涵涵晚上睡觉前跟我说，她也知道玩平板电脑不好，但总是忍不住想玩，因为她的心里住着一个小恶魔，每次她快战胜小恶魔的时候，恶魔就搬来百万救兵把她给打败了……

我听了哈哈大笑："妈妈也是这样的，每次我想看书时就会想，先看下我买的东西到哪儿了，结果一看就又逛了一会儿淘宝；每次只是想去看看我视频号的点赞量，结果又因为不小心刷了几条别人的视频而一直刷下去。"

养育孩子，虽然有不可避免的小挫折，但更多时候是看到一个小生命逐渐成长的惊喜。跟孩子相处应该是一件很快乐的事儿，有时间就多陪陪孩子吧。

# 为什么你越说不要，孩子越偏偏要

## 如何帮孩子顺利度过“执拗敏感期”

你家孩子有下面这些不可理喻的行为吗?

电梯非得自己按，不然就要重新来一遍；喝水非得妈妈倒，不然就哭闹着不喝；睡前洗澡、喝奶、刷牙、讲故事，一个环节都不能遗漏，不然就不睡……

这可不是孩子故意在跟咱们作对，而是“执拗敏感期”到了。

什么是“执拗敏感期”?

一般而言，从两岁开始，孩子的自我意识不断增强，常常会不听从父母的建议和指令，变得非常固执己见，有时候甚至出现反抗的情况。其实，这就是心理学家所说的“执拗敏感期”。

儿童应用心理学专家徐小东在《儿童敏感期成长绘本：米吉和

米粒的一天》引言部分写道：

**美国著名心理学家布鲁姆有一组研究数据：如果把一个人17岁时的智能作为100%，那么1岁时的智能发展完成20%，4岁时达到50%，8岁时就完成了80%，到13岁将达到92%。**

孩子小时候的智能发展迅速，要在8岁时完成智能发展的80%，就需要让孩子在人生最初的几年中快速进入各个能力的敏感期，从而促进其自身各项能力的快速发展。

敏感期也叫关键期，指儿童某一时期会在某些能力或心理方面表现出特别的敏感。它对爸爸妈妈的实际意义是提醒我们：孩子具备了发展某种能力的脑基础，而且在一个时间段内有高度的兴趣和积极性，只要有机会给他尝试，他很快就能掌握、学会，并发展和构建自身的能力体系。同时，他还会积极地将这种本领运用到日常生活中。

常常使家长感到麻烦和困惑的敏感期，表面看是孩子捣蛋、搞破坏或“找事儿”，其内在是促进孩子去学习、尝试和发展。

了解了这些，我们再面对孩子在执拗敏感期做出的行为，也许就没有那么窝火了。

不过，了解和调整心态是一方面，面对执拗敏感期内孩子的种种表现，例如喜欢想当然地按自己的意愿行事，或者被拒绝后就烦躁不安、奋力反抗、大哭大闹、难以平息，我们又该如何做呢？

## 01 不要一味否定孩子，直接告诉他应该怎样做

儿童应用心理学专家徐小东曾说过，孩子说“不”一般有两种情况。第一种，孩子通过说“不”来表明“我”和“你”是不同的个体，这是孩子证明“自我”存在的方法。但是，执拗并不单单以“不”的方式出现，它的本质是孩子自我意志的成长，希望能得到尊重，获得属于自己的权利，并按照自己的主张行事。于是就有了第二种情况——除了自身能力与意志的发展外，执拗也体现为对压制与否定的反抗。

一些父母、长辈在与孩子交流时存在习惯性否定，一说话就要用“不对”“不是”“不行”“不可以”之类的否定词，比如：

奶奶在包饺子，孩子好奇地拿着面团学，奶奶立刻说：“你不会，别捣乱，弄得一身面粉，快走开。”

孩子高兴地给爸爸看她画的房子，爸爸却说：“你这画的根本不是房子，没有这样的房子。”

孩子自己穿好了鞋子，很兴奋地求夸奖，妈妈看到他把鞋穿反了，就说：“你这鞋子穿反了，快换一下。”

诸如此类。

成人觉得这样的否定没关系，是在为孩子好，可孩子却会觉得自己被全盘否定，没有得到尊重和认可，这样一来，他肯定要奋起反抗。

不说否定词，又该怎么和孩子沟通呢？在《儿童敏感期成长绘本：米吉和米粒的一天》这本绘本里，就给了我们很好的示范：

当妹妹米粒说不要刷牙时，米吉没有说：“不行，必须刷！”也没有讲关于保护牙齿的大道理，而是用有趣的语言吸引米粒一起玩。当米粒不想喝牛奶，不想吃面包时，米吉没有坚决反对，或者讲大道理，而是依然温柔地引导米粒乖乖配合。面对出去玩却不想穿外套的米粒，米吉也能轻松搞定。

想想看，如果是我们面对这些情况，是不是早就觉得孩子不可理喻，开始对他发火了？

火发完，我们看着孩子抽泣的小脸，心里总是止不住地后悔。既然这样，下一次试试看，不要急于否定孩子，而是直接告诉孩子该怎样做吧。

## 02　冷静，且要理解孩子的情绪和行为

一位叫“甜甜”的读者曾向我分享过这样一件事：

有一次周末，儿子把我看的书翻了出来，里面有一页纸是绿色的，他非要在上面画画。我说这是书，不能画，画得乱七八糟别人还怎么看？他就是不干，闹着要画，怎么解释都不行。

我放弃了说服，由着他哭一下，释放情绪。过后我问他，你为什么非要画？他跟我说，妈妈，那一页是绿色的，没有字，所以想画。我就问他，你想在彩色的纸上画画，是吗？他说是的，于是我第二天就买了几张彩色的纸让他画。

甜甜说，她当时根本不知道那一页是没有字的，只想着孩子

要在书上乱画，就要阻止他。

执拗敏感期的孩子并非就是想跟大人作对，他们执拗，是因为需求没有得到满足——他们才不会想自己的需求是不是合理。如果此时我们用暴力、吼叫、压制等方式处理，那么结果只会双方都不开心，让孩子产生“爸爸妈妈不爱我”的想法，最终引起家庭里的权力之争。

幸好甜甜是被丰富育儿知识“武装”起来的妈妈，她没有一味否定，更没有吼孩子，而是冷静下来，先让孩子释放情绪，再去听孩子内心真实的想法，理性地解决了这个问题。

当孩子执拗时，我们首先要冷静，不能被怒气冲昏头脑，不然就错失了了解孩子真实想法的机会。

## 03 终极应对措施

如果我们没有被怒火包围，就可以采取下面这个解决办法：

**第一步，转移注意力；**

**第二步，适当安抚；**

**第三步，道理引导。**

6 岁前，孩子有情绪的时候，是听不进去道理的，所以我们可以先转移孩子的注意力，让他走出“坏情绪”。

有一次，涵涵爸爸给涵涵讲故事，讲着讲着两人竟吵起来了。原来是爸爸身上有只蚊子，涵涵看见后就拿起小喷壶给蚊子喷水，爸爸不愿意，两人就起了争执。

涵涵的委屈在于，我在帮你灭蚊子呢，你不仅不领情，还凶我。

爸爸的纠结在于，我都说了不要拿喷壶往我身上喷水，你怎么还喷？

我赶紧转移他们的注意力，说：“你们刚才讲的什么故事呀？竟然有蛇？”

涵涵回答完，还是委屈地哭了。我抱抱她，轻抚她的背，说：“妈妈知道你是怕蚊子叮爸爸，在保护爸爸对不对？”涵涵找到了知己，“哇”的一声就哭了。等她稍微平息下来，我才接着引导她：“如果老奶奶不想过马路，小朋友硬是扶着老奶奶要帮她过马路，你说老奶奶是不是很不情愿？同样地，爸爸一向不怕蚊子叮，可是他却不喜欢小喷壶里的水，所以我们要尊重他，对不对？”涵涵听进去了，点了点头。

除了言语，在安抚孩子情绪的时候，我们最好能用上肢体语言，比如抚摸、拥抱，这样效果会更好。

## 04 态度要坚决，方式要温和

法国思想家、教育家卢梭在《爱弥儿》里说过这样一段话：“当孩子哭闹着要这样或者要那样时，我们该怎么办？自从他学会了说话并能以此方式索要物件后，假如他依旧要用哭闹来达成目的，那么无论他是想更快地得到那一物件，还是想以此来要挟别人，让别人不敢不给，我们都应该干脆地拒绝。”

爸爸妈妈理解孩子执拗背后的情绪和行为，但这并不代表我们要毫无原则地支持他，允许他无论何时何地都坚持执拗。

比如，当孩子打扰到他人，影响公共秩序时，就不能为了所谓的敏感期放任孩子。还有，当孩子以哭闹为武器要挟家长，想要达到某种目的时，也不能鼓励这种行为。

不过，在拒绝孩子的不当要求时，我们的态度要坚决，方式却要温和，这样才能既不伤害孩子的感情，又能让孩子明白什么事情是能做的，什么事情是不能做的。

孩子做得不好的地方，我们要制止；做得好了，我们也要及时表扬，强化孩子的好行为。如果孩子用哭闹方式达到目的的次数少了，或者孩子开始用其他方式提需求，我们都应该给予鼓励。

最后，我想用徐小东老师的一段话结束此篇：

敏感期告诉我们，家庭生活、孩子养育并不是一个较劲儿的过程，家长如果不了解孩子在各个时期的特点，硬要“做规矩”，与孩子拧着来，那家里可能常常都是“冲突与战争”的场面，最终不是家长把孩子拧歪了，就是家长被孩子气歪了。

试着了解孩子，才能更好地教育孩子。

## 走进孩子的世界，用正向语言沟通

来说两件我印象比较深的事儿。

这段时间我在搬办公室，因为和搬家公司约好 9 点开始，所以我在前一天晚上加班到凌晨 1 点多，提前完成了工作，想着应该能赶得上中午跟涵涵一起吃饭，结果搬家公司的人在我的一再催促下还是 11 点才到。

没办法，我只好 12 点 40 分的时候给老人打电话问涵涵吃饭没。奶奶说："还没吃，她不想吃我做的饭，我问她想吃啥我去买，她说不饿。"

我说："妈，她还有一小时就要到校了，不管啥给她先弄点吃。"

过了十几分钟，我再问情况，奶奶说爷爷去买了，还没回来。我让奶奶把电话给涵涵，然后对她说："你看，妈妈今天一个人搬家，下午还要接着上班，顾不上你。你好好吃饭，不管爷爷给你买啥回来都要吃点，你照顾好自己就是帮妈妈的忙了。我们家宝宝现在都上二年级了，是个大孩子了，妈妈相信你能照顾好自己。"涵涵爽快地答应了。

好不容易等着工人师傅把那边的东西拉过来了，他们说要先去吃饭再搬东西，我便趁这个空隙赶紧骑车去奶奶家看涵涵。到的时候她正在啃烧饼，里面夹了一个鸡蛋，饼已经吃掉了三分之一。

涵涵对我说："妈妈，这个饼很硬，我能不能少吃一些？"

我回答她："你把里面的鸡蛋吃掉，饼就可以不吃了，妈妈带你到小区门口再买点其他东西吃。"

还有一次，学校要开家长会，于是放学后我先把涵涵送到了爷爷奶奶家。开完家长会我去接她的时候，发现她在玩马蜂，说是爷爷给捉来放在瓶子里的，她正在观察。

其实，看到那个情景，我心里的火已经在噌噌地往上蹿了。涵涵已经上二年级了，而且看过关于马蜂的科普书，知道马蜂是有毒的，为什么还要玩马蜂呢？可是我想到了正面语言的力量，并没有直接训斥她，而是在出了爷爷奶奶家后对她说："妈妈知道你对马蜂好奇，你能给我讲讲你所了解的马蜂吗？"

涵涵开开心心给我科普马蜂：长得像蜜蜂，长翅膀，黑黄条纹，有毒，蜇人很疼。一番循循善诱后，她自己对我说，下次不玩这么危险的东西了。

后来我给姥姥打电话说起这事，姥姥说，你直接告诉孩子的爷爷奶奶，不能让孩子玩马蜂，不就行了？我说："涵涵七八个月的时候奶奶让她玩花椒、大料，6 岁多的时候爷爷在护城河边跟她开玩笑，说要把她扔下去，这些情景都是我想不到会发生的。即便今天我和他们说不要给孩子玩马蜂，可预料不到爷爷奶奶下次会给涵涵玩什么呀。”

姥姥又说，涵涵已经大了，你可以直接跟她说不能玩。我说：“可涵涵会不理解为什么不让她玩，或者下次可能还会再去玩相似的有危险的东西。只有她自己明白了原因，才能避免类似的事情。”

就像上面故事里一样，我一直在尝试对涵涵说正面的语言，效果出奇地好。举这两个例子的目的，也是想说明正面语言的作用：它能让孩子觉得自己可以胜任某件事，从而愿意这样去做。

如果我劈头盖脸地指责涵涵不好好吃饭，她会心里有气，觉着不被理解，最后我和孩子都不开心，不吃饭的问题也得不到解决。与其这样，倒不如用正面的语言和她商量，让她说出自己的想法，有了目标才好解决问题。

如果在玩马蜂事件中，我上来先批评涵涵一顿，她会觉得委屈，爷爷奶奶也不理解。不如通过引导，让她自己发现马蜂的危险，以后就算再遇到，她也会自己主动避开。

不过，并不是肯定句就是正面语言，所以使用正面语言也要注意表达方式。有时候你以为自己表达了正面的意思，孩子得到的可能仍旧是否定的信息。

怎样的语言才是正面的？我们一定要清楚地知道一点：正面语言是清晰而具体地告诉孩子可以做什么。

一次，爸爸看见涵涵脱下的袜子在鞋子里面，就说：“涵涵，以后袜子不能放鞋子里面，你这样弄，让人洗袜子的时候还得专门去你鞋子里找。”我正给涵涵梳头发，听到这句话，便拍拍孩子的肩膀说：“不错呢，我们涵涵知道袜子不能乱扔，所以放到了自己的鞋子里，下次要是能放到咱们专门放脏袜子的地方就更好啦！”

“袜子不能放在鞋子里”和“袜子要放在专门的地方”，两句话表达的意思看似差不多，给孩子带来的感受却大不一样。

咱们做家长的有时会不由自主地说些负面的话，比如：“拿好啊，别掉了。”结果孩子手里的东西果然掉了。于是我们会继续数落：“看，我说什么来着，刚说别掉了，话都没说完就……”

其实，我们完全可以换成正面的语言，对孩子说：“拿稳了，慢慢走。”

“别”“不要”“不能”“不可以”，这些词的含义都是负面的，而大脑会自动过滤掉这些关于否定的字眼。

比如“别掉了”三个字，孩子理解它的意思，但会对“掉了”的印象更深刻。听到这句话，本身在动作上还不协调的孩子会紧张起来，心里一直想着“掉了”这件事，于是东西可能真就掉了。

当然，不是说孩子把东西弄掉一定是因为家长说了这句话，只不过，我们平时说的话对孩子性格的养成、自信心的培养都是有很大影响的，所以要格外注意。

如果我们总是说负面的语言，给孩子的暗示就是：你这也做不好，那也做不好，能力不行。相反，正面的鼓励教育却能让孩子往好的方向看，更积极主动，愿意去做得更好。

比如涵涵很喜欢数学，但数一张图里有多少个图形这类题，她每次都不愿意做。在她小的时候，我认为这没什么，大了就好了，可到大班了她还是不喜欢，我就开始觉得是日常的引导方式有问题了。

我想，可能是自己的几何思维很差，拿着笔在图上画来画去都不一定能数对，所以给了孩子一个暗示：这个好难。

那天正好爸爸在家，我就让他来教教我们。爸爸说了他的方法，涵涵很快就学会了，可以直接在作业本上写出答案。但这不是最终目的，我不是要让涵涵立马会做这类题，而是要让她从此不再怕这类题，不再认为这类题很难，自己就是做不对。

我说："哎哟，看我这脑子，爸爸说的我没学会，涵涵能不能给妈妈讲一遍？"

涵涵根据爸爸的数法数了一遍，我及时给予鼓励。

在做下一道题的时候，她数了一遍，爸爸说："错啦！错啦！"你看这"猪队友"，说过多少次要用正面语言，他就是记不住。还好涵涵再接再厉又数了一次，这次对了。

这样连续做了几道题后，我就坐到后面歇着去了。等涵涵把一整页都做完，小脸上挂着笑容，张开双臂，走向坐在沙发上的我，我立马抱住她狠狠地表扬了一番。当然，表扬的时候不能全是空话，还要包含细节："妈妈看见其中一道题爸爸都数错了，是你提醒了他。涵涵在这么短的时间里进步好大呀！"

求完表扬，涵涵又坐回去准备做下一页。我说："只能再做一页，咱们该睡觉啦！"

从见到这类题就跳过到现在兴趣满满，这就是正面语言的力量。

## 懂得倾听才能抓住重点

同一个班级，同一间教室，第一排的学生，课堂效率不一定比最后一排的学生高，因为每个孩子的倾听能力是不同的。

两个孩子同样在听大人讲故事，或者同样在看动画片，为什么其中一个就能记住故事里说的“氦气跟空气玩跷跷板，氦气在上面，空气在下面，所以氦气比空气轻”，而另一个看完就全忘了呢？这也是学习能力和倾听能力不同导致的。

倾听能力很重要，无论是学习、社交还是以后步入社会参加工作，都离不开倾听。

若是孩子的倾听能力不好，就会上课抓不住重点，或者左耳进右耳出，回家做作业时又得重新学一遍。有时老师刚布置一个任务，他转过头就忘记了。家长给讲题，刚开头，他就说：“我懂啦，我懂啦！”实际上却没有懂。

在人际交往中，倾听也很重要。跟朋友们一起玩耍时，需要商量好游戏规则、听得懂游戏规则；在跟人交流时，要能够明白对方是善意的还是恶意的，从而选择接受还是拒绝。

倾听能力如此重要，我们该如何培养呢？

## 01 给孩子做榜样

最近很多父母来问我：“有没有能够提高孩子表达能力的绘本，因为宝宝都两三岁了，还是不会说完整的句子，只会叫家里人的称谓。”

其实，语言是在交流中产生的，所以在初学话时期，最有效的方法是跟孩子多说、多交流，经历听—理解—模仿—表达的过程，这样才能让孩子开口，而绘本只是辅助作用。绘本是用来扩大孩子词汇量的，因为书里有很多我们日常交流时用不到的词汇，而且完整的故事可以培养孩子的逻辑思维能力，相对于说话，这是更高级别的能力。

父母在跟孩子交流时要有耐心。在孩子小的时候，我们可以看着他们的眼睛，放慢语速，多跟他们说这是什么、那是什么，从而促进孩子语言能力的发展。

想让孩子说话就要多对孩子说，同样地，想要孩子懂得倾听，父母要先学会倾听。

孩子跟我们说话的时候，我们要耐心听，看着孩子的眼睛，不要因为他说得磕磕绊绊，或者觉着没意思就急匆匆地打断他，否则这不仅是给孩子起了坏示范的作用，也是对孩子的不尊重。如果我们专心听孩子说话，有了正面的榜样，就可以要求孩子在别人说话的时候也看着人家的眼睛认真听。

陈忻老师在《养育的选择》一书中曾说：“父母经常耐心地和

宝宝交流、做游戏，并且倾听他们说话，给予适当的回应，这样等到孩子上幼儿园后，就会认真听老师讲话，并有效地利用、加工听觉信息。”

在集体生活中，倾听老师的指令很重要。比如老师说：“现在收起你们的玩具，排队上厕所，然后洗手吃饭啦。”一句话里面有好几个指令，很多孩子听完就明白了，能够立马全部执行，有的孩子却“听而不觉”。对于这样的情况，不仅老师会觉得孩子难带，孩子自己也会感觉难以适应。

为了给孩子打好基础，要在家里多多锻炼孩子的倾听能力。

## 02 用有趣的正面指令培养孩子的倾听能力

去涵涵幼儿园参加活动时，我发现老师在孩子们吵闹时从来不会大吼：“别说话了，安静！”而是说：“漂亮的眼睛……”这时候孩子们就会跟着说：“看老师。”或者老师说：“小嘴巴……”孩子们立马异口同声地说：“不讲话，安安静静来坐下。”用诸如此类有趣的正面语言让孩子们安静下来。

前面的文章中我也讲过正面语言的魅力，这一点我在涵涵身上是切身体会到的。比如，爸爸说，涵涵洗澡啦！她会说不洗。我说，涵涵玩水啦！她会立马说好。

正面的语言可以告诉孩子可以做什么，同时，我们也可以通过这些简单明了的指令培养孩子的倾听能力。比如，我会在出门前对涵涵说：“你站这里别动，妈妈去看看火关了没，然后咱们就出发。”或者：“现在把积木收起来，妈妈穿好衣服，咱们就出门。”

这些指令可以慢慢地从易到难。一开始说："请帮妈妈拿下拖鞋。"后面就可以增加指令的内容："宝宝，去卧室床头柜的第3层抽屉里帮妈妈拿一下充电线。"这样的指令不仅能够培养孩子的倾听能力，还能培养他的空间感。

这些简单明了的指令，能够让孩子从家庭生活中学会倾听，未来可以更快地适应幼儿园生活。

## 03　听故事，多讨论

一些大部头的历史书和名著小说，涵涵都是通过听音频的方式学习的。我发现在孩子听故事的过程中，不仅能够培养倾听能力，还能锻炼获取信息的能力。

爸爸在家的时候，我会有意识地跟他讨论一些与涵涵近期听的故事相关的内容，比如《三国演义》和《西游记》，因为涵涵听过这些故事，有了背景知识，她就很乐意加入我们的讨论。

如果我专门对她说："涵涵，你把昨天听的曹操的故事给妈妈讲讲吧。"她肯定不乐意。但若是我跟爸爸讨论曹操，她反而会积极加入。

讨论的过程，不仅是在用"大人有意识，孩子无意识"的原则检验孩子的倾听能力，还能锻炼她的思辨和表达能力，也可以督促她下次听的时候更用心。

## 04　小行为大用处

涵涵上小学后，作业里经常有默写和听写。一次她让我给她听写词汇，我就鼓励她："你能不能让我念完三个词再一起写？若是没记住可以问。"

做英语作业时，她拿着不会的单词来问我，我给她拼一次，要她立马写出来，写得不对再改，而不是一个字母一个字母地念给她写。

生活中这些不起眼的小行为，真的能够培养出大能力。

讲过了培养倾听能力的方法，我还想再说一点：让孩子懂得倾听，能够"听话"，不等于让孩子没有主见。孩子在听到我们所说的话后，应该经过他的大脑加工判断，再选择是服从还是反对。若是不经过独立思考一味盲从，那才是不好的行为。

## 孩子“窝里横”怎么办

朋友跟我聊天，她说：“隔壁店里的老板竟然夸我女儿有礼貌、温和，说是我女儿去找她家小孩玩时表现得彬彬有礼、进退有度。天哪，是不是老板搞错了？她明明是一个小魔头呀，那些礼貌用语是从她嘴里说出来的吗？”

其实不用怀疑，人都是有两面性的，不光是孩子，也包括我们自己。就像我，在外人眼里脾气超级好，但是在我老公眼里，我就是个“炮仗脾气”。

在外面，我是个挺“㞞”的人。去饺子馆吃饺子，老板把饺子全煮破了，我想着：花同样的钱，凭啥给我吃破的？我在家里都不吃破饺子的呀！但最后也只是自己心里不舒服，不会说什么，还要吃几个填填肚子。

在家里我就全然不同，从来都是“挺起胸膛做人”的。刚认识我老公以及结婚第一年，我常常是想发脾气就发，毫无顾忌。因为老公是我的初恋，之前也没真正爱过人，更没谈过恋爱，并不知道怎么去爱他。

结婚两年后，有一天我突然发现，老公一直爱穿运动休闲鞋，而我从未给他刷过鞋，都是他自己刷，于是我把他暂时不穿的鞋拿出来都刷了一遍。不过在这期间，我意识到最重要的还是控制自己的负面情绪，随意向老公发脾气，会让他心里难受。

大概是生完涵涵之后，我的脾气渐渐好了很多；学了心理学后，很多事儿也都看开了，脾气就更好了。

心理学上有个词叫“情感力”，指的是人真实面对自己，保持人格、态度一致以及共情的能力。

一个人“窝里横”，是因为他只有在自认为安全的环境里才敢展现真实的自己，这也是“情感力”不足的人的一种自我保护。

我想，我在老公面前横也是这样吧，觉得在他那里我是最安全的。小时候爸爸妈妈经常吵架，所以我从小就缺乏安全感，在外人面前会隐藏锋芒，反倒结婚有了自己的家庭后，才敢释放真实的自己。

倒不是为“窝里横”洗白，只是推己及人，我觉得很多时候我们眼中孩子的“窝里横”没有想象中那么可怕，只是因为人本身就是有两面性的，在家里和在外面会有不同的表现，在家里恣意，在外面收敛。

如果孩子仅仅是家里家外表现不一致，我们完全可以通过引导防止他“长歪”。

## 01　爱他，但有底线和原则

我们给孩子的爱肯定是无条件的，但要有底线和原则，不能一味宠溺，犯错就要管教，爱孩子不是纵容孩子。

所谓底线和原则，是不触犯他人利益、遵守公共秩序和公共道德、保证自己安全、不打骂父母等最基本的行为规范。

## 02 “窝里横”不如“窝里夸”

我之前经常“窝里横”，现在正在走向“窝里夸”的阶段，不过涵涵对此有些不适应。

那天老公在厨房做菜，第一盘端出来后色香味俱全，我就边跳边拍手喊道:“老公好棒，你是一级大厨吧，做的菜真好吃！”

涵涵看了我一眼，慢悠悠地说道:“妈妈，一般……那些脑子有些问题的老婆，才会做出这样的举动。对不起，我想说句实话，不是骂你哦。”

嗯，小丫头还需要好好影响，再加上她本身就是个“老成的小孩”，所以才会觉得我幼稚。

不过自从我“窝里夸”后，我自己都感觉自个儿变开朗了。

## 03 引导孩子合理发泄负面情绪

并不是孩子在家里发了脾气就是“窝里横”。

我现在也是会生气的，但每次情绪不好的时候不再是炮仗般一点就着，而是会告诉老公，我现在很生气，为什么生气，我需要你为我做些什么。说得明白了，他就不会无所适从了。

同样的道理，在孩子有负面情绪时，我们也可以引导孩子用语言表达出自己的情绪，一方面可以让孩子对负面情绪有清晰的认知，另一方面，诉说本身就是一种情绪发泄，说出来之后火气也能消去不少。

### 04 我们不必过度焦虑，给孩子负面的暗示

每次我出差的时候，涵涵就比我在家的时候听话，问她原因，她说："每次你发火，我都知道是假的，爸爸一发火，那是来真的。"

你看，她什么都知道，所以会"看人下菜碟"。

有一次，放学后是舅舅去接她。她跟舅舅商量后，就跑到同小区的同学家里去玩了。到了那里，她又用同学爷爷的手机给我发语音告知了一声。我说不行，人家该吃饭了，你也回来吃饭吧，让爸爸去接你。她说："你们大人总是自己想干啥就干啥，我们小孩没有一点儿自己的自由。"

我看涵涵又开始胡搅蛮缠了，就把电话递给了爸爸，爸爸说："我现在去接你。"她一听是爸爸，沟通策略就变了，她说："爸爸，现在是5点40分，我6点10分回去。你每次出去喝酒都要五六个小时，我就跟同学玩半个小时，应该可以吧？"

老父亲脸上一热（没看到脸红，我猜的），顺势就答应了，说："好，那爸爸6点10分准时去接你。"

面对不同的人、不同的事，我们大人有不同的沟通方式，到了孩子这儿也是一样。有时候孩子所谓的"窝里横"并不是没礼貌、不懂礼仪，家长要做的是抛去焦虑，抛去火气，静下心来有针对性地合理引导。

一旦这样做了，你会发现情况并没想象的那么糟糕。

# 爱可以无条件，但一定要有原则

## 你让孩子看电视、玩手机吗

总是有读者问：“涵涵妈，你让不让孩子看电视？给不给孩子玩手机呢？”

我的意见是，尽量少看。

### 01　看电视要控制

说起来，我们家其实没有装电视，因为上高中后我基本就不再看电视了，涵涵爸小时候也很少看，所以感觉没必要在家里装一台。再者，我们确实也担心孩子看太多。

一个朋友说过好几次：她周末上班的时候孩子自己在家，说好了会先写作业，结果总是看电视看得忘记，等晚上她回来，孩子才开始匆匆做作业，常常写到很晚。

而另一个朋友，她家孩子刚上初中的时候是年级前50名，有一次考试考得好，孩子爸爸就奖励了一部手机给他。这下可好，以前孩子放学回家都能按时完成作业，睡眠也比较充足。现在他却偷偷把闹钟定到凌晨四五点钟，提早醒来躺在床上刷手机，平时也被手机占据了很多时间，后来成绩直线下降，最终连心仪的高中都没能考上。

当然，也有不一样的，比如我之前讲不要让孩子看太长时间电视、手机，有一位读者就曾给我留言说：“我亲戚家的小孩，电视底下长大的，人家现在在读研究生。”

既然是亲戚家的孩子，我们也不是整天跟人家生活在一起，也就无法判断这个孩子是不是整天看电视。我不否认真的有天才，不投入太多精力也能很优秀，也不否认有些孩子相当有自控力，不会沉迷电视、手机，但是对大部分孩子来说，电视、手机的吸引力还是很大的，需要大人的引导来逐渐实现自律。

## 02　屏幕时间多的危害

电视、手机看的时间过长容易让孩子沉迷，影响孩子的专注力，对学习能力和思维能力产生不好的影响：

第一，孩子的眼球长时间定格在屏幕上，几乎是不动的，因此长期看电视和手机，孩子眼球周围的六条肌肉协调运动能力会下降，除了会导致近视，还有可能会引发阅读障碍，造成阅读时的跳行、串行等问题。

第二，看电视的时候画面切换很快，大脑几乎没有思考的时间。如果长期看电视，左脑掌握语言和抽象思维的功能没有得到锻炼，孩子也就越发懒得去阅读、去思考了。这就是为什么说脑子越不用越生锈。

第三，看电视、玩手机的时候，孩子接触到的都是图像，并且是碎片化的信息，时间长了孩子会对文字产生抵触，尤其看不进去长篇的文字，最终变得不喜欢文字阅读，也就会导致读不进去书。

而看书就不同。看书时我们需要运用逻辑思维去思考上下文之间的关系，需要用思维去补全前一页和后一页之间的联系，需要我们开动脑筋去理解、动用想象力构建文字描绘的世界。

这么看来，还是少看电视和手机吧。

## 03　尽量少看不是绝对不看

虽然多看电视、手机有危害，但家长也不要“一刀切”，从此禁止孩子接触电视和手机。你看，我在前面用到了一类词：“长期”“长时间”“时间过长”。

我家虽然没装电视，也没给涵涵配她专用的手机，但我还是会用平板电脑给孩子看一些动画片或是其他节目。看电视、看手机本身没啥毛病，重点是孩子看的时间有多长，以及看的是什么内容。

昨晚涵涵临睡前问我：“妈妈，杀得片甲不留，就是杀光光，连一片指甲都不留下吗？”

爸爸哈哈大笑抢着科普道:“片甲是指铠甲，不是指甲，意思是一片铠甲都没留下，全军覆没了。铠甲是古代士兵作战时穿的衣服，相当于现在的防弹衣……”

在他们父女俩聊天的时候，我想到了最近在看的《国家宝藏3》，这个节目第一集讲的就是兵马俑的事儿。其实涵涵在读书或者听书的时候都接触过“铠甲”这个词，但如果她看看这档节目，会对“铠甲”有更形象的认知，也就不会闹出片甲不留是一片指甲都不留的笑话了。

另外，看了不当节目的危害同样不小。之前上心理学课程的时候，老师曾经给我们看过一个心理学实验，实验证明，小孩子在看完暴力、色情画面后是会模仿的。

如果把电视节目作为孩子学习的有益补充，合理控制时长，看电视就不是一件坏事，反而有很多好处。如何合理利用，这时候就需要我们大人的引导了。

所以，禁止孩子接触没有必要，我们要做的是提前跟孩子协商好看电视的时间，以及帮孩子选择适合的节目——这个节目不仅仅是指与学习相关的，也可以是生动有趣、寓教于乐的优质动画片。

## 玩手机上瘾，真的跟孩子的意志力没关系

说实话，我一直挺担心涵涵玩手机会上瘾，可观察了一阵子，我发现之前的担心是多余的。

前段时间在《三联生活周刊》里看到讲“上瘾”问题的内容，其中就从心理学的角度分析了手机上瘾的问题。

我分享一下自己的阅读感悟吧。

现代人从早上睁眼到晚上闭眼，一整天基本上都是在手机面前度过的。人们平均每天查看手机 150 次，这其中有下意识的选择，也有无意识的冲动。

大人如此，孩子更是这样。随着年龄的增长，他们看手机的时间会越来越长，通过跟小伙伴之间的交流，了解到的可以玩的手机内容越来越多，涵涵便是如此。

因为我从不玩手机游戏，她爸爸玩的手机游戏也仅限于下象棋，所以在上小学之前，她只知道宝宝巴士和小伴龙里面的益智游戏。可上了小学后，涵涵知道的手机游戏越来越多，她也已经学会了拼音，便常常自己把游戏搜索出来，然后玩一玩。

面对这种情况，家长在了解“成瘾”背后的心理学原理后，其实是可以将孩子的“上瘾”行为扼杀在摇篮里的。

孩子爱玩手机，玩手机上瘾，真的跟他的意志力强弱没有关系。所谓的“瘾”，其实是被人为设计出来的，其背后是资本与技术的共谋。

在《欲罢不能：刷屏时代如何摆脱行为上瘾》一文中，作者亚当·阿尔特教授提出，在美国，至少有40%的人对手机上瘾，而人们之所以上瘾，不是因为缺乏自制力，而是科技公司的刻意设计——“屏幕那边有数千人在努力工作，为的就是破坏你的自律”。

因此，要让孩子不上瘾，我们得用一些有效的方法，来对抗这种数千人人为设计出来的上瘾陷阱。

## 01　不要让孩子刷短视频

仔细想想看，在短视频出现之前，甚至在微信朋友圈出现之前，我们上网的行为从某种程度上来说是主动的——我们用搜索引擎去检索自己想看的内容，我们主动搜索自己想看的电影、电视剧。可自从有了动动手指就能刷新这个功能后，人们就陷进了短视频里。

为什么会这样呢？

书是有章节的，还需要一页一页翻动；电视剧是分集的，而且还需要一集一集点开。短视频则不同，它是海量的，大拇指上滑一下，就能看到无穷无尽的新内容。这也就罢了，短视频软件的推荐机制又是你爱看什么就推荐给你什么，长此以往，就把自己封闭在

"楚门的世界"中了，接触不到不同的观点、不一样的东西。以为自己看到了许多人、许多事，其实都是在重复一个相同的观点。通过这种强化，你以为全世界都和你一样，以为自己的很多知识都是对的，以为自己完全是正确的，殊不知，早已画地为牢，听不见不一样的声音，又何谈更新大脑里的知识库？

因此，如果孩子要看手机，就让他看动画片、纪录片，千万别刷短视频，更别打着学习的幌子让他刷短视频。学习的渠道有很多，为什么非得选择最无效的一种？

## 02 多陪陪孩子

孩子在无聊的时候才会沉迷于手机里的虚拟世界，否则他更愿意跟小朋友一起出去跑跑，跟爸爸妈妈下下棋、玩玩桌游，或者自己去拼拼积木、看看书。

抽出些时间多陪陪孩子吧。如果家长愿意跟孩子一起你跑我追地玩游戏，他会立马参与其中，而不是再继续抱着手机了。

## 03 多看一些有意思的书

有些书真的能让孩子顾不得看手机，而且沉浸在知识世界里是会让孩子有成就感的，成就感本身就是一种奖励，让孩子从阅读中体会到快乐。

好的故事是有感染力的，看完一个故事，可以用"对话式"的方法，在孩子很有兴趣的时候，通过提问、聊天，不断引导孩子，启迪孩子思考。经典的好书里都有很多有价值、有正能量的内容，能让孩子汲取成长所需的营养。

培养孩子读书的兴趣，可以“团结一切可以团结的力量，利用一切可以用的手段”，只要是能让孩子对阅读感兴趣的方法，可以尽情尝试、尽情引导。因为经典的好书里都会有一些正能量的东西，它能让孩子汲取成长所需的心理营养，而短视频能给孩子带来什么呢？

总之，别对自制力这个东西太自信，也别把一切问题的原因简单地归结为“都是手机惹的祸”。找到适合的方法，对于孩子玩手机上瘾的问题，我们完全可以防患于未然。

## 孩子玻璃心？或许是你误解了

有人问：孩子受到一点批评就生气，遇到一点挫折就逃避，怎么办？这是不是玻璃心？

我先举个例子吧。

一个女孩从小到大都爱哭，可是她常常“哭着咬牙坚持”，用奋斗来实现柳暗花明。另一个女孩很少哭，但遇到挫折就跳过，不喜欢挑战人生。

在一般的观念看来，第一个女孩很脆弱，玻璃心，经不起伤害，因为她会流眼泪。但事实真的是这样吗？

所以，不要因为哭，就轻易给孩子贴“玻璃心”的标签。

又有人问：玻璃心是自尊心强吗？

不一定，这要看孩子是不是真的玻璃心。

若孩子因为被批评了而生气，或者哭，但能哭着奋斗，那么他可能只是别人眼中的“玻璃心”，这样的孩子有很强的自尊心。真正玻璃心的人恰恰相反，他们自尊心很弱。

由于玻璃心的孩子没有能力完成真正的“自我认知”，只能通过外在评价来建立带有虚幻色彩的“自我认知”，所以这种外在评价一旦呈现消极和负面的时候，孩子就会不可避免地崩溃。

孩子的玻璃心大多跟父母有关系，过度满足、过度赞美和期望过高都会导致孩子的玻璃心。

卢梭在《爱弥儿》中说：“你知不知道用什么办法能使孩子得到痛苦？这个方法就是百依百顺。”

真正的爱是无条件但有原则的，百依百顺是毫无原则，那是溺爱。一个被百依百顺的孩子永远试探不到爱的边界，就像被丢在无边无际的大海中一样，反而会没有安全感，于是就一再提出更多的要求。等他走入社会，甚至不用那么晚，就是在学校里，他也不能再享受到所有人的百依百顺，而因为此前从未体验过被拒绝的滋味，孩子肯定会受不了，于是就成了玻璃心。

过度的赞美也是一样，孩子干啥都夸，“你好聪明”“你太棒了”“你是全世界最厉害的”……这样浸泡在赞美声里的孩子肯定也受不了打击和否定。

鼓励教育是必要的，但也要有方法，不是语气浮夸、见啥夸啥。浮夸的赞美为孩子提供的是一个虚假的个人镜像和虚假的生存图景，让他们既不知道自己的能力边界，又不懂得生活的艰难困苦。一旦走出家长给他构建的充满赞美的圈子，孩子就会受到莫大的挫折，而这会让他变得玻璃心。

还有就是过高的期待。孩子小时候，父母总是难以接受他的平凡，总觉着自己的孩子是天才。当评判标准不一样，心理预期也会不一样。父母按天才的标准要求孩子，过高的期待会给孩子带来压力和焦虑，从此，一点点否定都会让孩子压力倍增，觉着对不起父母。为了逃避否定，孩子自然就不愿意去挑战有难度的事情了。

说了这么多，家长具体应该怎么办呢？

## 01 爱无条件，但有原则

我们当然要爱自己的孩子，却不等于要毫无原则地去满足孩子。

遇见想做又不能做的事儿，反抗、抵触是人之常情，但被拒绝过的孩子不会感到难以接受，因为他早就知道，什么是“有所为，有所不为”。

在家里为所欲为的孩子内心不会强大，反而会充满不安。相反，知道边界和底线在哪里的孩子才知道自己什么时候可以做什么事，才会有底气。

## 02 鼓励孩子，而不是浮夸地表扬

鼓励是孩子成长过程中需要的，但作为父母，我们应该把鼓励当作给孩子的意外之喜，而不是随时随地给予泛泛的夸奖。

父母要表扬具体的东西，描述你所看见的，尤其是孩子努力的过程，好让他拥有成长型思维；要发自内心去夸奖，描述你的感受，而不为夸而夸；把孩子值得赞赏的行为准备总结为一个词，夸到点子上，而不是泛泛地说几句“真棒”“真优秀”“真聪明”。

一汀老师的《妈妈一定有办法》一书对此给予了具体的解释。

她说，在对孩子进行夸奖时，要尽量细致地描述你所看见的，因为孩子希望通过你的具体叙述确认自己所做的事。

有针对性的夸奖比笼统的夸奖更有效，因为这可以让孩子更准确地认识到自己到底哪里做得好，从而有更强烈的成就感。这种愉快的心情可以强化孩子的正确行为，让他有兴趣、有意愿把好的行为持续下去。

一汀老师举了一个具体的例子：

比如，两个小孩在一起玩，一个不小心摔倒了，另一个赶紧跑过去把他扶起来，帮他拍打干净身上的土。这时，妈妈就应表扬得具体一些："你把小朋友扶起来，做得真好，妈妈为你感到骄傲。以后和小朋友在一起玩耍，就要像这样互相关心、互相帮助。"

这种更具体的表扬方法，既赞赏了孩子，又培养了孩子关心别人、助人为乐的良好行为。孩子以后再遇到同样的情况，也就更容易做出恰当的选择。

这种夸奖应该是发自内心的，是真心的，也就是说，家长要真的能体会孩子行为中优秀的地方。敷衍地为夸而夸，孩子敏感的心是可以感受到的，这个时候，"夸奖"不仅不会激发孩子更加努力的决心，反而会打击孩子的积极性。

同时，夸奖的时候，家长可以有意使用一些概括性的词汇。0~6岁正是词汇量积累突飞猛进的阶段，孩子对新鲜的词汇有浓郁的兴趣，把具体的行为概括为一个词，孩子可以明确一个词汇的真正含义，同时把这个词记得很牢固，这种正面的行为也得到了强化。

比如：“你能坚持一星期都不迟到，这就叫作懂纪律。”“能自己穿好衣服和鞋子，这就叫作自立。”“你主动把摔倒的小朋友扶起来，这就叫作友善。”“说到做到，你这样做就是负责任。”“把痰吐到纸巾上，再扔进垃圾桶，你真的很懂文明。”

家长还要认识到，夸奖是为了让孩子实现个人进步，是帮助孩子得到自我成长，而不是为了用孩子的优秀满足家长自己的虚荣心、攀比心。

为了让孩子变得更优秀，有些父母会有意无意地把自己的孩子和别人家的孩子比较，把别人家的孩子定为学习目标，甚至用自己孩子的短处和别人家孩子的长处相比。实际上这种行为不仅不会起到鞭策作用，反而会让孩子背负巨大的心理压力，把孩子自发寻求进步的心理变成为了讨好大人、获得大人的夸奖而努力，自卑的性格、讨好型人格就在这个过程中慢慢养成了。

每个孩子都有独特的个性，家长要欣赏孩子的优点，从孩子的行为中寻找值得夸奖的地方，不要因为他比别人好就格外夸奖他，更不要因为他哪里比不上别人就批评他。

当然，想让夸奖有效果，适当只是一方面，还要及时。

科学家发现，常受到赞美的孩子比常受到责备的孩子聪明，因为赞美中含有创造性的元素。父母适时对孩子的表现给予赞扬，告诉孩子你因他的成绩而自豪，这将是对孩子极大的鼓舞，能促使孩子乘势而上，取得更优异的成绩。

所以，当孩子达到某个既定目标，即便是取得了很小的进步时，父母也一定要在第一时间把这种赞扬和肯定传递给孩子，让孩子感受到爸爸妈妈发自内心的赏识，从而更加变得自信。

人天生喜欢赞扬，不喜欢批评，孩子也不例外。赞赏是一种理解，更是一种激励。父母赞赏孩子，不仅仅是让孩子知道我们对他的爱和肯定，更是为了孩子从小就能建立自尊和自信。

然而，表扬并不等于给予物质奖励，更不是孩子取得的成绩越大，就给他越多的奖励。我们应该引导孩子出于内在动力做出某种好行为，这就需要让孩子在做的过程中感受到乐趣，让他获得成就感。如果在这个时候给孩子外在奖励，会破坏他的内驱力，让他变得越来越被动。

如果孩子的成绩一有进步，妈妈就奖励他一个礼物，那么在之后的学习中，孩子就会变得为了礼物而努力，学习本身的乐趣、成绩提高带给他的成就感会大大减少。

总结一下，我们在表扬孩子时可以做到以下几点：

①表扬第一次。孩子的第一次勇于尝试最需要肯定，无论结果如何，都要认可孩子的勇气，孩子就会勇于挑战。

②赞赏要及时。只要孩子出现了良好行为，有任何微小的进步，就要及时给予表扬，可以使这些行为得到强化，从而变成一种

好习惯。

③夸奖要具体。要表扬孩子具体的行为，而不是泛泛地夸奖“你真棒”“你真聪明”。这样不利于孩子成长型思维的建立。

④表扬重精神。不要用物质奖励破坏孩子的内驱力，精神层面的表扬可以让孩子感受到被认可，从而更加自信，更有动力去做得更好。

⑤表扬重过程。多表扬孩子付出努力的过程，让他知道通过努力能取得好的结果。

⑥从多角度赞美孩子。可以从思维能力、社交能力、身体运动能力以及功课好等各个方面提升孩子的自我认同，从而帮助孩子建立自信心。

⑦鼓励孩子自己评价自己的行为或者小伙伴之间互相评价彼此的行为，使得赞赏并不总是来自权威人士。

## 03 了解孩子，不要期待过高

不过高期待是要了解孩子的长处与短处，帮助孩子制定适合自己的发展目标。

一步一个脚印，踏实前行，扬长避短，尽力引导。不要揠苗助长，才好静待花开。

## 04 该放手则放手，允许孩子犯错

作为父母，我们都想把最好的给孩子，恨不得自己走过的弯路、入过的坑统统让孩子避过，为他铺就一条平坦而又光明的大道。但我们都知道，这只能是想想而已，毕竟生活不可操控，而孩子不经历风雨又怎么见彩虹？

既然如此，我们就要允许孩子试错，没有比试探和出错更加有效的成长路径了。在试错的过程中，孩子不断调整、不断纠错，这是一个自我学习的过程，也是一个增进自信的过程。

经历过试错、调整的孩子，心会足够坚韧，也有成长型思维，哪里有机会去玻璃心？

玻璃心的孩子，需要的不是经历挫折，而是提升心理坚韧力。

避免了玻璃心，爱哭的问题要怎么办呢？

我觉得，只要孩子内心坚韧，就算哭也依然能够咬牙奋斗，那哭一哭就没什么问题。哭也不是什么大毛病，只是一种情绪的释放而已。

若你实在觉得哭不好，那不妨试试下面这个办法。

在孩子哭过闹过停下之后，很多家长就认为这件事过去了，然而实际上，在孩子情绪平复后，我们最应该带着孩子一起反思一下。

比如，让孩子整理玩具，孩子哭着说不会整理，却在你的要求下边哭边整理，还整理得挺好，这时我们就可以抱着孩子，带他回想一下："玩具是被宝宝哭到归位的，还是宝宝自己动手收拾好的？是哭解决了问题，还是宝宝的能力解决了问题？"这样，孩子就会慢慢明白哭没有用，从而减少遇事便哭的"条件反射"。

除此之外，我们还可以趁机表扬一些孩子收拾东西时的细节，帮助他强化这种好的行为。

## 无论穷养富养，没有教养都是白养

一个人的教养虽然跟后天的个人修为分不开，但更离不开原生家庭的熏陶。甚至可以说，父母的修养就是孩子的教养。我们常发现，“熊孩子”背后有一个“熊家长”，而每一个教养良好的孩子，他的父母也总是彬彬有礼的。

记得涵涵上幼儿园的时候，我去接她放学，突然看到一个大班的男孩竟然在幼儿园门口的马路上小便，他妈妈则拉着孩子的胳膊，淡定地接受来来往往的人质疑的目光。

马路的一边是卖玩具的，另一边还有卖食物的，店老板看不下去了，说：“你怎么能让孩子在这里撒尿呢？”

男孩的妈妈很大声地嚷道：“小孩子憋不住了，不在这里尿，难道让他尿裤子里？”

店老板说：“实在不行你可以让他到那边的墙根儿尿啊，总不能尿在大马路上！”

那位妈妈更理直气壮了，她说：“又没有尿到你店里去，马路是大家的，我们还没这点儿自由了？”

在很多人看来，不随地大小便是最基本的礼貌问题，可显然，那位妈妈觉得这是无所谓的，并且还以“孩子小”为借口，仿佛如果谁说一句这样做不好，就是在跟一个小孩子过不去。但其实那个男孩已经上幼儿园大班了，也是有羞耻心的，家长这么做，只会让孩子觉得这样做是没错的。现在孩子是小，以后呢？

教养的培养藏在生活的细节里，如果说孩子的教养是棵禾苗，那么原生家庭就是土壤，父母日常的教导则是施肥的过程，只有一点一滴地辛勤耕耘，才会有最终可喜的收获。所以，即使孩子还小，也要告诉他什么是该做的、什么是不该做的。孩子的教养不是在他长大的那天能突然获得，也不是经过几个月、几个周、几天的冲刺培养就可以轻松拥有。

我觉得，一个孩子，在他以后的人生中可以工作平庸，成就很少，但至少得是个像样儿的人。

很多人总是觉得成绩和金钱决定一切，其实，教养就好比一根能撬动地球的杠杆，看似不起眼，却能成倍地放大一个人的价值，也能成倍地缩小一个人的价值。所以，千万不要让教养成为孩子人生木桶中最短的那块木板。

还有一次，我和朋友周末带涵涵去公园玩，突然窜出来一个八九岁的小男孩，上来就抢涵涵的滑板车。涵涵不给他，他竟然用手去推，本来胆子就不大的小丫头立马吓得哭了起来。我赶紧大声制止："你是哥哥，怎么能欺负妹妹？阿姨还在这边呢！"

男孩的爸爸就在一旁站着，面带微笑看着这一幕，那神情就好像他的儿子在做什么了不起的事情一样。我抱着哭泣的涵涵在离他们不远的椅子上坐下来，安抚她，不想那男孩竟然又跑到我们跟前，握着拳头气呼呼地说："气死我了，气死我了！我很生气！"

跟我一起来的朋友不由问道："我们怎么你了，把你气成这样？"男孩的爸爸这才强行把他拉走。可是等他们俩在远处湖边站定之后，那男孩突然又恶狠狠地瞪了我们这边一眼，然后撒腿就往这边跑，他爸爸在后面追着把他拉住了。

那次的确把涵涵吓怕了，即使事情已过去大半个月，她还会时不时问我："妈妈，那个哥哥还在公园吗？"或者"妈妈，那个哥哥为什么想要打我呢？"

我真不知道，一个八九岁的小男孩，为什么自己做错事情，被人质问一句，竟然就气成这样，仿佛天底下的人都欠他的一般？而他的父亲自始自终都没有说他一句不是，也没有对吓得哭个不停的涵涵道歉，或是安慰一句半句。

那个小男孩以后要怎样与别人相处？没有是非观念，气性还那么大，因为别人不给他玩具就要动手打人。家长在把他宠上天的时候，有没有为他以后走向学校和社会考虑过呢？

一个人，无论穷养还是富养，都少不了教养。

教养与贫富、学历没有多大关系。把垃圾丢到垃圾桶，在公共场所不要大声喧哗，没经过别人同意不能拿人家东西，不能浪费粮食，对帮助过你的人说谢谢，尽量不要打扰到别人，过马路一定要看红绿灯，做人要有一颗感恩的心，有时候吃亏是福……这些都是在平时的生活中家长可以教给孩子的道理，看似很简单，却能成就一个有教养的孩子。

如果没有家教的加持，孩子可能一时半刻飞得挺高，但飞不了多远。为人父母，比起教孩子如何成功，更重要的是教孩子如何做人！

为了孩子，我们有必要做更好的自己，然后才能言传身教，培养出更好的孩子！

# 孩子总是输不起怎么办

## 01　“我赢了”意味着“我能做到”

涵涵3岁多时，我陪她下棋，那时候她根本不讲规则，全凭自己的爱好“乱走”，目标只有一个：我要赢。

再后来，慢慢地，她能接受“输”这件事了。

到6岁半时，跟爸爸一起下象棋，她偶尔会在输赢的问题上耍赖，但已经能很好地遵守游戏规则。也就是说，象棋中“马走日字，象飞田”这些走法，她会严格遵守。

我在涵涵老想赢的那个阶段曾担心孩子是不是输不起，于是赶紧去研究这个阶段孩子的年龄特点和心理特征，才明白一件事：“赢”对于我们大人来讲是通过公平合理的竞争最终获胜，但对于孩子来讲，则意味着“我能做到”。

由此我又想起了一件事。

去年我买了一副羽毛球拍，打算跟老公没事时打打球，可涵涵一定要参与进来。我想着，一个小屁孩儿，哪里能打得了羽毛球啊？便每次都让老公陪着。没想到，慢慢地涵涵竟然会发球了，偶尔还能打出一两个漂亮的球。

当孩子眼里闪着光说“我赢了”的时候，我知道她所谓的“赢”，其实是在向我表示：看，妈妈，我能打羽毛球！

后来我给她买了一副儿童羽毛球拍，有空时也会陪涵涵一起打球。

## 02 理解并认识规则

不是每个孩子都能在真实的社交中学会如何与人正确比赛，所以家长的引导就显得非常重要。

在涵涵非常小的时候，每次玩有输赢的游戏，我和爸爸常常会让着她。等到长大点了，爸爸的做法是告诉她：“你再这样不遵守规则我就不跟你玩了。”

哈哈，倒不是爸爸孩子气，而是他确实想去看手机了。不过这样也有好处，因为在真实的社交中，不遵守规则的小朋友是不会有人愿意与他一起玩儿的。

和爸爸不一样，我的做法是“你耍赖，我更赖”。这样一来，游戏玩不下去了，渐渐地，涵涵明白了规则的重要性，也明白了讲规则的好处——只有遵守一定的规则，游戏才能继续下去，否则就算赢得了比赛，也会失去再次游戏的机会。

## 03 正确看待输赢

有一次我问涵涵：“你现在跟爸爸妈妈一起玩时，怎么没那么在乎输赢了？”

涵涵说的话对我触动很大，她说：“输赢就像是姐姐和妹妹，她们都是一起的。这次我输了，可上次也赢过啊，而且下次还可以赢。玩游戏嘛，最重要的是开心啊！”

说实话，听到她这样说，我很感动，也很高兴。她小小年纪心态这样好，在跟小伙伴相处的过程中，就不会因为没比过人家而沮丧，在学习的时候就算遇到困难也能够勇往直前，希望她这种对待输赢的正确观念可以保持下去。

所谓正确对待输赢，我觉得有以下几方面：

①不对输赢有执念；

②勇于挑战自我；

③具有成长型思维。

不对输赢有执念，就不会想着一定要赢，或是我要翻盘。对输赢有执念的人，生活得不快乐。

勇于挑战自我，表现为不跟别人比较，多跟自己比较，每天比昨天进步一点点。哪怕周围的人都不进取，也能自己和自己比，坚持做自己该做的事；哪怕周围的人再厉害，也要先做好自己，练好内功。

成长型思维在输赢方面的表现是：这次失败了，下次继续。成功跟努力和方法有关，而不仅仅是靠运气和天赋。不怕失败，不断尝试，就有成功的可能。

## 04 失败教育很有必要

正确对待输赢不是孩子与生俱来的能力，如果孩子太在乎输赢，不必焦虑，我们完全可以通过正确的引导，让孩子慢慢懂得规则，放平心态，看轻输赢。

那么，具体该如何引导呢？最重要的一点，是对孩子进行恰当的失败教育。

大人总是对错误很敏感，甚至会努力帮孩子去做一些事情，帮他规避犯错误的可能，殊不知，这才是对孩子不好的行为。

涵涵刚开始学穿鞋那会儿总是把鞋子穿反，不过我不会干涉，就这样带她出去。在小区里遇见认识的邻居大妈，她们总是会好心地说我：“你看你，怎么当妈的？孩子的鞋穿反了都不知道给换一下！”对此，我总是一笑而过，不反驳、不解释。而涵涵很快就学会了如何把鞋子穿正确。

还有一次，刚下过雨后我带着涵涵在小区里玩，走到一个有水坑的地方，涵涵想要跳过去，我没有拦着，结果她没发挥好，踩了一脚水。我看着这一切发生，云淡风轻，旁边的大妈忍不住了，大声说：“你看你，怎么带娃的？眼看着娃掉进水坑里！现在的年轻人呀，连个娃都带不好！”我习惯了这样的话，依旧不吭声，因为我知道，孩子在成长过程中就是需要不断试错，然后才能做对，才能成长。这些试错，小到穿衣服、跳水坑，大到交朋友、为人处世。

我们不要怕孩子犯错，反而应该鼓励孩子多去尝试，并且告诉他，失败是很正常的事，不要害怕失败，不要害怕输。

另外，家长不要因为觉得孩子输不起，就去责怪输了以后不开心甚至发脾气的孩子，并且因此焦虑不已，因为输了不开心是正常的事。

在《输不起的莎莉》这个故事里，面对莎莉输不起的样子，泰勒老师说：

我知道，每个人玩游戏时都想赢，如果输了就会感到失望，这是很正常的。但是如果我们输不起，别人就不想再和我们一起玩了。当我们玩游戏或者参加体育运动的时候，我们要做的是竭尽全力，享受比赛。

不过，泰勒老师又说：

输不起的人输了会生气、沮丧或者伤心。他们对队友往往专横、霸道。他们可能会作弊，也会跟朋友和大人争吵。

赢不起的人喜欢吹牛，喜欢嘲笑输的人。

看，不愧是心理学专家写的故事，几句话就把“输不起”的孩子的心理特点总结到位了。

泰勒老师继续说：

输不起和赢不起的人，不但什么都得不到，还会失去朋友。

在故事中，妈妈也告诉莎莉：

多想想玩游戏的乐趣，比如说能在户外活动，能和朋友们在一起，能和别人一起开怀大笑，等等。

如果在游戏中输了，希望你能够深深地叹一口气，然后慢慢地呼出来，并且对自己说：玩得开心就是赢。

在老师和妈妈的帮助下，莎莉领悟了真正的体育精神，她学会对自己说“玩得开心就是赢”，她不再“输不起”，最后也赢得了大家的尊重。

通过这个故事，我们是不是也学会了如何引导输不起的孩子？那就是不要害怕孩子会犯错、会失败，也不要害怕孩子对失败有抵触情绪。

当孩子“输不起”时，不要一味地责备，而是要学会共情，学会理解孩子的情绪，像泰勒老师一样，告诉孩子“输了感到失落是很正常的”。接纳孩子的情绪很重要，然后才是如何引导孩子解决问题、走出困境。

我们可以多引导孩子想想自己在游戏过程中收获了什么，告诉他玩得开心就是赢、失败总是难免的、竭尽全力去竞争的精神才更可贵。这样，才能让孩子不断挑战自己，敢于也有能力去面对失败。

除此之外还要注意一点：有时，孩子输不起可能是你指出他错误的方式不对。

比如每次做思维训练游戏题时，只要涵涵做错了，爸爸就会大喊："你做错啦，这里错啦！"这是很打击人的，特别是小家伙慢慢长大，有强烈的自尊心而自信心却不是很足。这样大喊，会让她不想再做下去，于是就变成了大人口中的"输不起"。

所以我跟爸爸说，就算孩子做错了也不要那样做，完全可以换一种方式："你看，这个题目应该是怎样怎样的，想想看，是不是？"

这样提醒，孩子就会反应过来。就算反应不过来，我们也可以继续耐心引导，而不是语气强硬地批评。我们的尊重能够增强她的信心，也是在潜移默化中告诉她："你看，失败根本就是件小事嘛。"

## 孩子可以自夸，但别变成炫耀

涵涵跟小朋友一起做游戏，玩着玩着却突然跑到我跟前说：“妈妈，我发现她的英语好像没我好哦，连‘章鱼’这个单词都不知道怎么说！”

涵涵说完，我把她拉到怀里，对她说：“英语单词有很多，也许有的她会而你不会呢？不能这样随便下结论，快去好好玩吧。”

然后在回家的路上，我跟涵涵讨论了“炫耀”的问题。

涵涵问我：“妈妈，什么是炫耀呢？”

我想了一下，举了个例子：“比如，你一看到好朋友，就说：‘看，这条新裙子是姑姑给我买的。’这是分享喜悦。但如果说：‘看，这条新裙子是姑姑给我买的，可贵了，你没有吧？’这就是炫耀。

“或者某个小朋友数学考了100分，然后她对别的小朋友说：‘我数学考了100分，你笨死了，考不到100分吧？’这种在夸自己的时候贬低他人，并且伤害他人自尊心的行为，就是炫耀了。

“想想看，如果是别人跟你这样说话，是不是心里会不舒服？”

涵涵答:“是的，妈妈，确实会不舒服。”然后她也举例:“妈妈，那我跟别人说咱家有钢琴，还给他们看我的新皮鞋，这是不是炫耀呢?”

我说:“只要没有贬低别人就不算，这样做有可能是因为你想分享，也有可能是因为你的虚荣心。”

涵涵又问:“什么是虚荣心?”

我说:“还记得你学过的《狐狸和乌鸦》这个故事吗?狐狸怎么骗乌鸦的?”

她说:“狐狸夸乌鸦羽毛真漂亮，麻雀比起你来可差多了;您的嗓子真好，谁都爱听您唱歌，您就唱几句吧。”

“然后呢?”

“然后乌鸦到嘴的肉就掉下去了。”

“是啊，”我说，“乌鸦被骗就是因为虚荣心。但有虚荣心是很正常的，妈妈也有虚荣心，可虚荣心太强的话就会上当受骗了，就像乌鸦一样。”

跟涵涵聊完，我开始反思，是什么导致她有了炫耀的小心思，还是说这只是偶然事件?

总的来说，炫耀的原因不外乎 3 点:

①渴望被关注;

②自卑;

③生活太顺利，目空一切。

思考之后，我觉得很可能是因为第一点。最近上英语课我老是冲涵涵发火，盯着她写英语作业时火气更大，有一次她还问我："妈妈，我英语是不是不好呀？"于是，跟小朋友一起玩时，她找到了英语比别人好的证据，便急于证明自己。

想到这点后，我又跟涵涵进行了一番交谈，目的是告诉她，妈妈发火是妈妈的问题，是因为我的情绪不好。英语学习中，讲过的单词忘记了，这很正常，可以再说一遍，重复多了就记住了。

后来上英语课时，我也不坐在她旁边了，而是坐在沙发上自己看书。后来我发现，她自己跟老师沟通也蛮顺畅的。课程回放时，我做补充讲解，时不时提问一下，就算涵涵一时答不上来也没有发火，并且还对她的进步进行了鼓励。当然，今后我也要做到少发火才行。

爱炫耀肯定不是好事，主要危害有以下 3 点：

①过分依赖别人的关注和肯定，不能了解真实的自己；

②通过炫耀得到的认同很难持久，孩子的自我认同感非常低；

③爱炫耀的人容易引起他人反感，影响人际交往。

面对孩子的炫耀，大人是需要干预的，但方法要合理。

比如，轩轩拿着自己的玩具消防车跑到小朋友们中间说："看，这是我爸爸给我买的消防车，可贵了，你们买不起吧？"小朋友看完轩轩的展示后，跑到自己妈妈跟前哭着也想要一个。轩轩的妈妈说："轩轩，你看你把小朋友说哭了吧，以后不许这样哦。"

怎么就说哭了呢？为什么不许这样呢？其实这是可以给孩子稍微解释一下的，不然轩轩并不知道自己的话对别人造成了什么影响，被制止了这一次，还会有下一次。

除了事后制止、解释，我们应如何预防孩子出现爱炫耀的行为呢？

1. 恰当的表扬。

不盲目表扬孩子，表扬具体的努力过程，帮孩子树立成长型思维，这样孩子才不会依靠炫耀博得别人的关注和认同。

2. 孩子自夸的时候不打击他。

在孩子自夸时，不要担心他会因此骄傲，可能那仅仅是孩子做完某件事后的一种仪式，而且很多时候自夸也是一种自我肯定，敢于肯定自我的人才能知道自己哪里不足，而不会通过炫耀去寻求他人肯定。

3. 家长以身作则。

家长不要老是比来比去，让孩子产生比较的心理。比较心理也是炫耀的根源。

4. 接纳孩子的小小虚荣心。

当孩子炫耀时，我们不要打击他，而是要理解他，肯定他所炫耀的部分。只有懂得欣赏自己的人才能去欣赏别人。

但是，在接纳孩子炫耀的同时，要对这个行为进行引导，告诉孩子怎样做才是正确的。

5. 提高孩子的认知水平。

认知水平越低的人越爱炫耀，就像功夫高手从来都深藏不露，而只会三脚猫功夫的人却会到处找人挑战一样。

读的书越多，认知体系越丰富，越知道人外有人，越清楚自己不懂的东西还有很多。所以，可以多让孩子看看书，多让孩子去学习。

当然，有一种“炫耀”家长不必太在意，或者为此焦虑，那就是孩子们聚在一起时说的“大话”：

“我们家住20楼，可高啦！”“我家住100楼，比你家高！”

“我的滑板车最好啦！”“我的滑板车还会飞呢，我的最好！”

这类交流在一开始，孩子们说的都是真的，可比着比着，他们就开始分不清想象和现实，慢慢地，看起来就像是撒谎了。

其实，6岁之前的孩子都爱吹牛，这是他们心理发育的必经阶段。这不是炫耀，也不是自吹自擂。慢慢地，随着他们认知体系的丰富，这种“小毛病”就会消失。

孩子在成长的过程中需要父母的及时引导，这能够让他的成长之路更顺畅一些。孩子得到的教育与陪伴也会让孩子更加优秀。

## 第二章

# 习惯的培养比知识的学习更重要

# 教育的本质就是培养习惯

## 自我肯定是培养好习惯的前提

好习惯的培养比知识的学习更重要，而要让孩子养成好习惯，首先就要让孩子做到自我肯定。

很多家长认为要帮助孩子养成好的习惯，就要不断地纠正、改变孩子的“坏习惯”，但他们没有意识到，如果不讲方法，一味地按照教条和自己的惯性思维去纠正、改变孩子，不但会打击孩子的自尊心，还会磨灭孩子独一无二的个性和与众不同的特点，让孩子陷入自我怀疑，失去自信。这样一来，即便培养出所谓的“好习惯”，也有可能适得其反。

我对涵涵所在幼儿园的家庭开放日一直记忆深刻，因为每次去参加这个活动，我都会有一些新发现。

有一次在吃饭环节，我看到涵涵一见老师走开，就赶紧用左手拿勺子快速地往嘴里送饭，等老师转过身来再赶忙将勺子换到右手。

之前涵涵说过，老师要求必须用右手吃饭，我对这件事一直没在意，只是跟她说："没事，左手右手哪个顺手就用哪个，不用什么都听老师的。"可是我却忽略了，面对老师的权威，一个孩子是很难不服从的。后来，老师经常跟我反馈涵涵吃饭慢，有一次还戏称涵涵是属乌龟的。我跟老师说，我不介意涵涵用左手吃饭，可以不用纠正，但老师估计没听到心里去。

后来，涵涵上大班了，在幼儿园要用筷子吃饭了。可自从快 2 岁的时候学会用筷子，涵涵就一直用左手，到了 5 岁多再去改肯定不容易，她在班里又会变成吃饭最慢的。所以我在开学时就跟涵涵爸爸说，送涵涵的时候跟老师沟通一下，不用再纠正涵涵拿筷子的手了。

再后来的家长开放日，我看到涵涵欢快地用左手吃饭，内心很开心，但是我又看到了另一些事。

老师让孩子们喝水，规定每人要喝两杯，喝完了再去洗手。

涵涵喝第一杯，在还剩下几口时速度明显变慢了。我问涵涵："你是不是已经撑了？"她点点头。我说："喝撑了，那就喝一杯吧，不用必须喝两杯。"

旁边有位小朋友说："老师说了，必须喝两杯。"我笑着对小朋友说："每个人的肚子大小不一样哦，肚子小的喝一杯就行了，不用什么都必须听老师的。"说完最后一句，我发现旁边两位家长用看怪物的眼神看着我。

吃饭的时候，老师给小朋友们打饭，有的小朋友说："老师，我不吃鸡腿。"老师回复："必须吃，不能挑食！"后来在吃饭的过程中，这个孩子在老师不停的提醒和催促中艰难地吃着那只鸡腿。

见到这些，我就在想，为什么大人就可以选择吃什么、不吃什么呢？这个孩子是打饭前提出的，又不是把鸡腿占在碗里了才说不吃。

这简直就是流水线生产一样地管孩子呀！我们的个性、我们的自我、我们的与众不同，就是这样被消磨掉的——必须跟别人一样，不然就是不对。可是，如果都这样教育孩子，他们又何来自我肯定呢？

教育最首要的目的是自我肯定。

这是把三个儿子送入斯坦福大学的妈妈——陈美玲的观点。我也认为"自我肯定"是非常重要的一种人生态度，因此想在这里把她的文章分享给大家：

我在进修儿童心理学和教育学的过程中，发现"自我肯定"是儿童教育中不可或缺的一个关键词。那么，为什么自我肯定如此重要呢？

因为一颗认同自我的内心，恰恰是人格形成的基础。连自己都不喜欢，不可能会喜欢别人。否定自己的孩子，也会否定别人。

那么，怎么做才能使孩子学会自我肯定呢？首先，最重要的是“不和他人比较”。

我的三个儿子，个性各异，每个人身上都有不同的“优点”。大儿子处事认真，正义感强。二儿子有艺术气质，情感丰富。三儿子善于交际，沟通能力强。

因此，我就集中精力增强他们各自的优点。“快向你哥哥学习”这样的话，一次都没有说过。

人无完人，有优点，当然也有缺点。父母拿自己孩子和其他兄弟或别的孩子比较，否定这个孩子的真实本我，他就很难能有自我肯定的意识。

我丈夫时常会像念口头禅一样地告诉孩子们：“别人是别人，自己是自己。即便有一百个人和你意见不同，也要堂堂正正地把自认为正确的意见表达出来。”

我也总是教导他们：“和别人不同并不是坏事。倒不如说反而是种‘恩赐’呢。”从平时就这样向孩子灌输，他们自然而然会形成“不需要勉强自己迎合别人，做自己就好”的观念。

当然了，社会性规则和集体生活的规矩是必须遵守的。

只是如果能保持“不让别人束缚自己的观点和生活方式”“自由地想象，把自己想说的直接说出来就可以了”“周围的人也会认可我这个想法”这样的思路，那么孩子就会更有自信，喜欢真实的自己，也会明白自身是有价值的。

像这样学会了自我肯定，就可以不断提高自己的优点，并且连缺点也能一并接受和面对，变得更积极地加以改正。

与此相对，不会自我肯定的孩子，也就不会喜欢上自己，总是处在焦虑的状态中，容易生气，搞不好人际关系，在事情的处理上也无法积极向前看，结果，对学习力和成绩都将产生不好的影响。

虽然在家中不作比较，但难免外面的其他人不会，并且伤害到孩子的自尊心。若这样的事发生时，做父母的要帮助孩子重新建立自信心。

我的大儿子开始上小学时，有一天回来跟我说："妈妈，我是不是不好看？"

我大惊，问他："谁说的？"

他说："学校的女孩子……"

我把他抱起来说："看看妈妈。妈妈好不好看？"

他点着头："妈妈很好看。"

我把他放下，拿出我小时候的照片："你看，妈妈小时候的样子，是不是和你很相似？"

"哇！真的很相似！"

"那么，你说自己好不好看？"

大儿子大笑了："好看！"

我用手摸着他的小脸，看着他的眼睛告诉他："好不好看不是看外表，最重要的是心中美与不美。你的心美丽无比，不但好看，而且是太好看了！以后，同学们都会看得到的。"

他点着头，满面笑容地说："明白了，妈妈！"

"不和他人比较"，其实就是认可孩子最真实的模样。不管学习棒不棒，运动能力强不强，都没有关系。

因此，“你要是做好了……妈妈给你奖励哦”这种附加了条件的疼爱方式，也是万万不可的。这会使孩子觉得“如果达不到这个条件，我就毫无价值”，从而致使他们失去自信，并养成没有奖励就不努力的坏习惯。

并不是“做到了就是好孩子”，而是“努力过就是好孩子”。对于孩子来说，最好的奖赏莫过于来自周围的关爱。孩子身上的价值，不会因为他会干什么、不会干什么而有任何改变。

拥有自尊心的孩子，内心也有从容感。

如果内心从容，当身边出现比自己优秀的人时，会由衷地感叹：“哇！好厉害，那个小朋友真棒！”

成为一个视他人之乐为己乐，乐己乐人的孩子，而且懂得“别人是别人，自己是自己”的道理，即便遇到比自己更优秀的人，也不嫉妒，或自惭形秽，在学习、做运动、玩游戏上，可以很坦率地请教别人：“我也想做好这个，教教我吧。”

我为了提高儿子们的自尊心，使他们内心富有从容感，总是会告诉他们：“做自己就行了。要相信自己。你的潜力无限大。让我们一起拓展自己的长处吧。”

另外，还会对他们说：“要与人为善。想要守护自己，也必须守护他人哦。”

能自我肯定的孩子，会天真单纯地将自己的长处表现出来。这样周围的人容易发现他的才能，于是就有了扩展潜力的机会。

想要发现孩子身上的才能和潜力，首先，父母必须仔细观察自己的孩子。而且，重要的是无论孩子做什么都要津津有味地看着。周遭环境如果给予孩子的行为以肯定和鼓励，孩子就会越来越有自信心，多多表现自己。

通过这样的做法，可以让孩子发展自我个性与才能。

另一方面，失去了自信的孩子，会变得不愿意将自己的长处向外展露。因为他们担心“如果说这句话会不会被人笑啊？”“会不会被拿来和别人比较？”渐渐地，也忘却了自己的优点，或者干脆放弃了。

不跟别人比较，让孩子敢于做自己，这有助于他的自我肯定意识和自我认同感的形成。

有了自我肯定，孩子的自尊心会提高，内心会变得更从容，不会轻易产生嫉妒，能看到自己的优秀，也能看到别人的优点，从而自觉地去提高自己。

有了自我肯定，孩子的自信心也会提高，他会更愿意主动开发、展示自己的能力，也更敢于坚持自己的个性，保持与众不同。

希望我们的孩子都不会被磨灭了个性，希望我们的孩子都能自我肯定，拥有高自尊和高自信，这是他们成长路上必不可少的基本素质，也是培养一切好习惯的前提。

## 年纪再小的孩子也有自尊

高自尊是养成好习惯的前提条件，在孩子成长的过程中必不可少。没有高自尊，孩子习惯的养成便没有了内在的驱动力，只能靠家长、老师的“逼迫”。

那么，高自尊到底是什么？对此，英国知名教育专家、剑桥大学心理学博士梁贺岚说：

当我使用“自尊”一词时，我用它来代表“内在品质”：相信自己是一个优秀的人，有能力取得成就，值得被爱，而不是自命不凡或者自视甚高。

许多表面上高自尊的人，实际上是低自尊的。

当孩子拥有真正的高自尊的时候，他会相信自己值得被爱、值得被尊重，他能够看到自己的重要性，并且渴望成为更好的自己。这种核心信念能够激发孩子的适应力、表达力、情绪管理能力、创造力、自控力、抗挫能力、自信力等，几乎包括了孩子成长路上所需要的一切能力。

正如教育家苏霍姆林斯基所说:“儿童的尊严是人类心灵最敏感的角落，保护儿童的自尊心就是保护儿童的潜在力量。”

之前一位读者问我，如何培养孩子的自信心？我答：先要让孩子有自尊。这位读者说：孩子还小，哪里明白这些。

这种想法也许正是你的想法。但我想说的是，孩子可能不知道“自尊”这个词，也不知道“自尊”这个词所表示的含义，但是他们是有自尊的。

研究表明，2 岁左右的孩子就会开始在意大人的评价，会有策略地展示什么是可爱的、有价值的、值得称赞的。这也就意味着，在孩子成长过程中，大人的反馈和评价会影响孩子的自尊心，从而塑造孩子的行为。

想想咱们自己的孩子吧，就算才两三岁，但如果你在别人面前批评他，他会乐意吗？小小的孩子是不是也渴望父母的关注，喜欢父母的表扬呢？“爱面子”可不是大人的专利。

那么，该怎么帮孩子建立自尊呢？

首先就是不能打击过多，尤其不能总拿固定的对象一味地跟自己家孩子比较。孩子的自尊被打击得多了就会破罐子破摔，连自尊都不在意，会变得对什么都无所谓。而最重要的一点是：培养孩子自尊的基础是让孩子感受到被爱。

在我上心理学课程的时候，老师会经常提及一句话：爱你的孩子是一回事，让他们从内心深处坚信他们是被爱的，则是另一回事。

小家伙们总是很敏感。

上次涵涵的同学摔倒了，我上前表示关心，涵涵就不乐意了，说：“你是我的妈妈，怎么却关心别人不关心我？上次我的腿都磕破了，也没见你这么安慰我；她就是摔了一下，蹭破了点皮儿，你就安慰好久。”我脱口而出：“那时候妈妈看你没有哭，以为你没什么大事。”涵涵一下子就哭了：“我没哭，不表示我不疼呀！”

我一想，确实是这样。涵涵每次摔倒都不哭，我也就习以为常了，可这不代表孩子不疼，也不代表她不需要我的安慰。

还有，每次我夸奖别的小朋友时，涵涵就会吃醋。这个摔骨折了都没哭的孩子，听了这些话总会哭着说：“那你让人家当你的宝宝呀！我都没拿你跟别人比较！我有说过你的直播没有别人做得好吗？你为什么拿我跟别的小孩比？”

见微知著，这样想的孩子不止涵涵一个。如果总是打击孩子，或者总拿孩子去跟别人比较，他就会变得没有底气，进而变得自卑：觉得妈妈有些嫌弃我，是不是我不够好？我如果像 ××× 一样，她是不是会更爱我？

想想那些一辈子都在向父母证明“我很好，我值得爱”的孩子吧，虽然化自卑为动力了，可他们的内心呢？可能会在别人对自己好时手足无措，觉得自己不配；可能会很害怕跟别人交往，因为嫌弃自己去讨好别人和不知拒绝，却又无力改变，于是只能封闭自己的内心。

如果孩子从内心深处坚信他们是值得被爱的，又何须拼尽全力地去证明这一点?

对孩子来说，发脾气、有情绪的父母不是最可怕的，怕的是爸爸妈妈的不重视，还有日复一日的打击和比较。

我总觉得，自己的孩子，只要爱得有原则，怎么爱都不过分。我们可以时不时制造一些小惊喜，让他们感受到礼物中的用心、话语中的关怀，而每天摸摸背、拍拍头的小动作，也能让孩子感受到爱的滋养。

愿每个孩子都能有“自尊”这个内在品质，从而爆发无穷的潜力。

## 自信也是一种好习惯

自信是一个人独立于世的基本素质，也是一个人行为习惯形成的前提条件之一。如果孩子没有自信，甚至有点儿自卑，不相信自己可以独立完成一件事情，好习惯自然也就无法养成。

可以说，自信和好习惯都是建立在一次次成功完成某件事的基础上的，从这个角度来说，自信本身就是一种好习惯。

我在生活中尝过自信带来的甜头，也吞过自卑带来的苦楚，所以在培养涵涵的自信方面，我是花费了一番心思的。

“情商之父”丹尼尔·戈尔曼经过多年研究发现，那些感到幸福且事业成功的人往往并不是智商高、成绩优秀或家庭富裕的，而是情商高的。作为家长，我们不是一定要把孩子培养成取得多高成就的成功人士，但一定希望孩子活得阳光、快乐，那么培养孩子情商就必不可少。而情商中的自信又是最重要的一块，因为它带给孩子的不仅仅是机遇，还有自我肯定、自我成就的快乐感。

在看到法国资深儿童心理学家伊莎贝尔·菲约扎写的《给孩子的情绪大书：我变自信了》之前，我一直没弄明白自己到底是一个自信的人，还是一个自卑的人。因为我很自信于自己的能力，并因为这份自信赢得了一些机遇，可有时又在人际交往中感到自卑。

菲约扎拥有30年儿童心理研究及教育经验，是法国情商学院创始人，著有多本关于儿童心理学方面的书籍，一直广受好评。她的这本书其实是写给孩子的，但是书后的家长指南却让我也受益匪浅。

为什么我会觉得自己自信又自卑？原来，我们所说的“自信”实际上有4个维度：基本自信、自我自信、能力自信和关系自信（社交自信）。

一个人可以对自己的智力很有自信，却没有关系自信，或是在人际交往中游刃有余，但在学习、工作上无从下手，甚至一无所成。

那么，该如何从4个维度入手，培养孩子全方位的自信力呢？

## 01　基本自信

基本自信指孩子具有内在安全感——一种非常切实的感觉。比如，孩子能感觉到自己在家庭和生活中有所属，感觉到自己拥有对身体的自信。

这种基本自信，自孩子出生起就慢慢在他与父母的接触中形成，在父母的触摸、目光、互动、无条件的爱和对孩子需求的回应中得到滋养。

当然，基础自信还与孩子从小对感觉和运动的探索有关，这些探索帮助大脑、身体、平衡感的发展，也让孩子产生了对自己的认知。

所以，一定别迷信什么“哭声免疫法”，也别混淆“溺爱”和“给足孩子爱”。我们要让孩子知道，爸爸妈妈对他的爱是无条件的，无论怎样都不会抛弃他，这才是孩子自信和安全感的最可靠来源。

很感谢我的妈妈让我在小时候得到足够的爱，让我拥有足够的安全感和自信，所以在以后的夫妻关系和亲子关系中我就拥有了基本自信，而且也把这种感觉传递给老公和孩子，家庭成员之间互相依赖、互相信任，于是家庭关系更稳固，氛围也更和谐。

在了解菲约扎的观点之前，我以为自己对家庭关系的这种自信是与生俱来的，可细细思考下，其实它跟我的原生家庭息息相关。

如果一个人在原生家庭中感受过“在我的生命中你最重要”这种心理营养，那么长大以后在与人交往时，他无须一个劲儿地问对方，也能体味出自己在对方心中的位置，步入婚姻后也能有足够的安全感和信任感。

## 02 自我自信

孩子的心理发育是不成熟的，他们没有坚定的自我评价系统，所以只能通过别人对自己的评价，尤其是父母和老师的评价来给自己定位。

但在成长的过程中，如果孩子一直需要依靠别人的评价来认识自己，很容易变得自卑，甚至形成讨好型人格。要让孩子拥有自我评价的能力，就需要孩子拥有自我自信。只有相信自己、肯定自己，孩子的心里才有主心骨，敢有自己的判断，也敢于坚持自己的判断。

如何培养孩子的自我自信？

最好的办法就是“适当放手”，让孩子自己做决定，不管他的年纪大小。越是能够自己做决定，孩子就越对自己有信心。为此，我们可以这样引导：

①多提出问题，少给出答案；

②建议孩子考虑多种选择，而不是死板地陷入单一选择；

③鼓励孩子思考行动后果；

④让孩子想象某种情况下会发生什么；

⑤接纳孩子合理的愤怒，教会孩子解读和调节自己的情绪，形成良好的自我认识。

## 03　能力自信

在说“不”的阶段之后，大约3岁时，孩子又要经历“独自一人”的阶段。在这个阶段，孩子想要体验自己一个人能做些什么，比如开始想自己穿衣、自己吃饭等。在这个过程中，孩子对自己能力的自信将逐渐建立起来。

在此期间，孩子需要得到允许，需要家长阶段性的支持，尤其需要经历很多次的失败。

同时，我们还要及时给予孩子鼓励，赞扬孩子具体的努力过程——最能滋养能力自信的赞赏，是那些能够让孩子识别自己的具体行为如何有用、如何对他人有贡献的赞赏。

## 04 关系自信

自信的人落落大方，敢抬头迎接别人的目光。

在生活中，如何处理人际关系会影响到孩子的关系自信。所以我们要及时跟孩子交流沟通，学会倾听孩子的想法和与别的小朋友交往后的反馈，避免孩子在这方面钻进死胡同。

培养四种自信，各有各的着重点，但总的说来，无论是哪一维度的自信，我们都可以用“增强回路”的方式来激发。

所谓“增强回路”，指在一个封闭的系统中，由于一个因增强了一个果，果反过来又增强了因，由此形成回路，一圈一圈地不断循环增强。

如果遇到孩子上台表演前紧张，或者暂时不敢上台表演，我们一定不要给孩子贴“不自信”的标签，即便别人给孩子贴了负面的标签，我们也要引导孩子不要将其放在心上。取而代之的，我们要给出一个正向的因——用“亮点教育法”给予鼓励。比如，我们可以对孩子说：“你居然敢在爸爸面前自信表演了（有些孩子只敢在妈妈面前展现，在爸爸面前展现则需要一个过程），你跟那些敢于走上台的孩子一样棒。”孩子得到了正向的因，紧张就会慢慢缓解，又有了去挑战的勇气，于是正向反馈形成了。

一次放学回来，涵涵跟我分享在学校发生的事儿，她说："今天胡老师让我们玩成语接龙的游戏，我跟另外几个小朋友回答得最好啦！后来老师问，谁能说出咱们班5名同学的名字？我把手举得高高的，可老师没让我说。我猜，老师肯定是觉得我的奖励够多啦，所以才没叫我。于是我就小声说，不给奖励也行，6名同学的名字我都能说出来呢！"她的几句话把我逗得哈哈大笑。

你看，涵涵在成语学习上的增强回路就这样形成了，她对自己在成语上的成绩有了信心，对自己学习成语的能力有了自信，所以在接下来的成语积累中，肯定会表现得更积极。

这就是增强回路的力量。我们要善于把握孩子的这种兴趣，让正向的鼓励成为一种激励，而孩子一旦在某一方面取得了自信，这种自信也会迁移到其他方面，帮助他去做好更多的事。

## 习惯的养成要从建立“微习惯”开始

英国作家王尔德曾经说:“起初是我们造就了习惯，后来是习惯造就了我们。”

想想看确实是这样的。就拿好好写作业的习惯来说吧，这不仅对孩子提高成绩有好处，说它关乎人的一生也不为过。

好好写作业，意味着孩子要拥有在规定的时间内完成某件事的效率，能够有规划地分配时间，可以高效地执行，还要有认真仔细的态度……这哪一项不是步入社会后的必备素质呢?

我们多年摸索出来的经验，当然希望自己的孩子能汲取，不走弯路，一开始就养成这样的好习惯。可有时，我们未免操之过急。

我曾读到一本书，叫《微习惯》。我发现这本书中的理论也能运用到育儿中，并且还会成为非常有实操性的育儿法则。

还是拿写作业这件事举例吧。如果孩子比较磨蹭，做作业时一会儿要喝水，一会儿要上厕所，那我们可以先和孩子约定，在 5 分钟内认真写，不要有别的动作。只要坚持下去，这个 5 分钟就能变成 10 分钟，甚至 30 分钟，一个习惯就这样从小处慢慢建立起来了。

为什么当我们直接要求孩子“作业必须好好写，写完才能动”的时候，孩子会比较难做到呢？

按作者的说法，是因为我们忽略了两个事实。第一个事实是，如果一个人的行动没有产出结果，再大的决心也毫无价值，而且每次坚持不下去都会让他产生挫败感，反而有损自信。第二个事实是，人们总会习惯性地高估自己的自控力。

想要改变的决心是每个人都有的，但是为求改变，我们常常会将目标定得十分远大。比如，以现在的能力，你每天只能跑 300 米，却将目标定到 1000 米，能力匹配不上欲望，结果可想而知，你很快就会放弃，并为此感到内疚。所以，为了让孩子拥有掌控感而非挫败感，让他愿意坚持下去，我们可以先把目标定小一点，从培养微习惯开始。

千万不要小看微习惯的力量，它不会给孩子压力，还能通过坚持让孩子把好习惯固定下来，而“一口气改掉坏习惯”“必须赶紧改”的急迫感，却能够毁掉孩子的自信心。

有一段时间，因为要忙工作，再加上身体出了小问题，我基本上放弃了对涵涵弹琴这件事的关注，而且我们搬了家，钢琴在离学校远的房子里放着，平时懒得回去，涵涵也就不练琴了。后来我们一家住了回去，一开始时，我对每天练琴这事是有应付心态的，涵涵也一样，糊弄着就过了。结果就是再去上课，往往在家觉得没问题的曲子，老师还是会说练得不够。

如此几次，我便跟老师商量，把练的遍数量化，这样孩子才会明确知道自己到底练够了没有。量化之后，我跟涵涵一起商量着把练习量平均分到每一天，规定好每一天的小目标。

涵涵的曲子越弹越熟。有一次，我听她弹得比之前实在好听太多，就给她录了一段视频，等她练完放给她看。我说："宝宝你看，这就是练够了之后的效果，你自己听，再看看你的动作和神态，是不是觉得很到位、很优雅，像是沉浸在曲子中？"她笑了。

后来再说练琴，即便一开始可能会有抵触，但只要坐到钢琴前弹起来，涵涵常常会比规划中的时间还要弹得长一些——她本身就是个喜欢音乐的孩子，弹起来她就乐在其中了。

从坚持完成一个小目标，到形成练琴习惯并乐在其中，这就是"微习惯"的力量。

接下来我们再聊聊"孩子不爱读书"这个问题。其实坚持亲子阅读的爸爸妈妈们都知道，让孩子爱上阅读真的没有什么秘诀，唯一要做的就是坚持。

坚持的最初，是从微习惯入手，先把要求放低一点儿。老师让读30分钟，孩子不爱读，你若硬着来，那他只会更加抵触，倒不如这样："妈妈做主了，你只需要读一页，这一页读完就可以去玩了。"慢慢地，一页可以变成两页、三页，只要选的书经典、有吸引力，孩子就会渐渐有这样的痛苦："啊，我好想把这本书放下，但我又特别想知道后面到底发生了什么！"

培养习惯不是一蹴而就，有时候“慢即是快”，看似起点低、目标小，但要长期坚持下来，可比 3 分钟热度地去突击要好得多。

如果你正在为如何帮孩子养成好习惯而头疼，真心建议你试试从培养“微习惯”开始。让孩子把微习惯坚持住，在成就感中坚定“我可以”的信心，那离好习惯的形成也就不远了。

## 指望孩子自觉，是对孩子的不负责任

自律这件事，没有什么与生俱来，也没有什么捷径，只有一次次坚持带来的一次次突破。

但“学霸”们的父母可能不这么说，很多时候你问他们教育方法，他们会说：“我们其实没怎么管，都靠孩子自己。”

为什么说这种说法不能全信呢？

可能，人家是在谦虚；也许你提问时的环境并不适合展开交流学习经验和方法。谦虚完了之后聊天就结束了，没来得及分享真正的经验。

可能，人家摸了一副好牌。世界上确实有那种不需要父母操太多心就能规划好自己的学习、非常自觉自律的孩子，只不过，大多数孩子的自觉都是管出来的。

可能，人家早早就把孩子的学习习惯培养好了。孩子在低年级的时候学习压力并不大，这个时期培养学习习惯非常重要。认真听课、自己整理书包和书桌、课前预习、课后复习、认真按时完成作业、整理错题集……“学霸”的爸爸妈妈一般在小学低年级的时候就帮助孩子把这些好习惯养成了。“小学靠家长、初中靠老师、高中靠自己”，这话真的很有道理。等到孩子该下功夫埋头学习的时候，再想养成这些习惯，那就很难了。

可能，“学霸”父母只是忘记了当初跟孩子一起拼搏的细节。想想看，在孩子上小学后，你在他两三岁的时候自己付出了什么，是不是有些细节已经记不太清了？人就是这样，当初自己认为没有能力迈过去的坎，等真正拼搏过后再回头去想，就会觉得自己也没做什么，还挺简单的。

还有可能，是你的家庭环境以及所拥有的资源跟人家不一样。

我至今都记得，当年上初三时对化学一片茫然，而化学老师家才 7 岁的闺女已经知道一氧化碳和二氧化碳的化学式怎么写了。

有一个词叫作“耳濡目染”，氛围在那里，不怎么教，孩子都会受到影响。在不同的家庭里，父母每天跟孩子说的话、领着孩子一起做的事儿都是不一样的，而差距就是这么一天天拉开的。

所以，当人家的父母说“我们都不怎么管，全靠孩子自己”时，也不要觉得全是咱们孩子的问题。找准自己想要达到的目标，踏踏实实，一步一步慢慢走，过程中全力以赴，面对结果时心态平和，这样才能让孩子有可持续的发展。

罗斯福曾说：“有一种品质可以使一个人在碌碌无为的平庸之辈中脱颖而出，这个品质不是天资、不是教育、也不是智商，而是自律。”

说实话，没上网课之前，我觉得涵涵还挺自律的，但是网课颠覆了我对她的认知。

一开始她表现得挺好，每天除了做老师布置的作业，还能积极认真地完成我布置的任务，做的时候也非常有效率，能热情快速地完成。可从上上周开始，惰性来了。老师让写 5 个字，她绝对不肯多写 1 个，完成我布置的作业时也开始讨价还价，而且还拖拖拉拉。

其实，我布置的作业不多。她上的是公立小学，数学作业每天就书上那 3~5 道题，有时老师只布置一道题，我就让她做随堂教辅。所以，在任务量没变的情况下，孩子的配合度出了问题。

同时，涵涵也开始不自律了。之前看动画片，说好看一集，看完一集后就会自觉地关掉；说看 20 分钟，到时间也能自己关。现在她开始讨价还价，看完也不想关。

相信和涵涵一样的孩子不在少数，那么，我们要怎样培养孩子的自律能力呢？

首先，我们要了解自律的心理机制。

## 01　自我价值认同是自律的基础

对自我价值的认可是自律的基础，因为当一个人觉得自己很有价值时，就会对自己严格要求。所以，我们平时跟孩子相处时，要善于用正面语言鼓励孩子，让孩子认同自己的价值。

比如，在进行兴趣班的取舍时，我划掉了涵涵不太感兴趣的小主持人班，并把剩下的 8 节课安排到了暑期，打算让涵涵一起上完就算了。

后来上课的时候，正好我有时间，就去接涵涵。进了教室一看，她得到的星星只比“星王”少一个，我就放心了，虽然她不是很想上这个课，但只要来了，就会积极配合老师，认真地上完课程。

在回家的路上，我对涵涵说：“妈妈有些发愁哦。之前答应你上 8 节课，可以请 2 节课的假。但今天田田老师说，涵涵上课表现那么好，我那么喜欢她，她请假了，我们汇报演出的时候谁挑大梁啊？”

涵涵听完后说：“那我也可以不请假呀！”

之前涵涵上幼儿园时，老师说她上课回答问题不积极，我也是采取类似的方法。我说：“涵涵，老师今天表扬你了，她说你上课表现很好，听讲认真，能够回答上来老师提的问题。老师还说，如果你以后上课时能够多多积极地回答问题，那就更厉害啦！”

每次正面引导后，涵涵都能表现很好。

从发展心理学的角度来讲，激将法、越挫越勇法对孩子很难管用，因为孩子的自我评价体系尚未建立。

自我评价是如何构建起来的呢？它来源于环境的反馈，包括他人的评价、专家言论、媒体的导向、测验、数据资料等。这其中，他人的评价尤其是父母的评价又占了很重要的地位。

儿童阶段，父母就是孩子的全世界，来自爸爸妈妈的肯定、赞美和认同，对孩子自我评价体系的构建非常关键。

所以，想要孩子自律，先要让他觉得自己很好、很重要，自己通过努力就能获得成就。只有欣赏自己才能更加自律，连自己都看不起自己，那孩子就只会破罐子破摔了。

## 02　没有自由的管制是自律的绊脚石

在自律的前一个阶段，需要他律。比如，父母可以陪着孩子写作业，帮助养成在规定的时间内做完作业的习惯。好习惯养成后，孩子就会自然地自我约束，自我完成。

但是，这种他律不等于没有自由地管制——你不用数年如一日地盯着孩子做作业，对他严格监督。一开始可能需要陪在孩子身边，慢慢地，你可以去另一个房间做家务，让孩子自己完成作业。

心理学研究表明，在以管控手段为主导的家庭中成长起来的孩子不够独立，做事缺乏主动性、缺乏自我控制能力，也不愿意承担责任。

## 03　包容不是纵容

包容和纵容是有区别的，包容是建立在理解的基础上，而纵容是不管不顾地一味溺爱。

包容是让孩子自律的最好方式，比如绘本《和甘伯伯去游河》非常值得一读。这本书获得了英国凯特·格林纳威大奖，主题是规则感、友爱、包容和接纳。书中讲了一个故事：

有一天，甘伯伯要撑船去游河。在这个过程中，有两个孩子，野兔、猫、狗、猪、牛、绵羊和山羊各一只，鸡两只，他们都想上船，和甘伯伯一起去游河。

甘伯伯统统欢迎，只是在他们上船之前提出了要求，要遵守秩序，孩子不许吵闹、兔子不许蹦跳、猫不许追兔子、狗不许追鸡、猪不许乱晃、绵羊不许咩咩叫、鸡不许扇翅膀、牛不许踩东西、山羊不许乱踢。

一开始，大家还能遵守约定，可是慢慢地就本性显露，做起自己喜欢的事儿了。结果船翻了，所有人都掉到了水里。

甘伯伯并没有责备他们，毕竟孩子有孩子的天性，动物有动物的本性，不是谁从一开始就有很强的自控能力和自我约束能力的。

后来的发展出人意料：孩子和小动物们跟着甘伯伯回去的时候走得井然有序，一起喝茶的时候也没有再乱蹦跳、追逐打闹，而是非常有礼貌。

所以，有时候包容孩子、适当放手，让他们去承担自然后果，反而比一味地抱怨“我都跟你说过了，你就是不听”更能促进孩子自律。

## 04 先“苦”后“甜”，延迟满足

不要总是第一时间满足孩子的要求或欲望，给他们一个等待的时间，或是通过让他们做事情来交换。这是一个锻炼意志力的过程，可以更好地培养孩子的自制力和抵御诱惑的能力。

涵涵在暑假里，每天醒来第一件事就是问：“妈妈，我可不可以看一集动画片？”我说：“不行，一日之计在于晨，先读书或写作业。把该做的事儿先做完了，再看动画片。”一段时间后，她就知道早上第一件事该干什么了。

还有一次，她说:“妈妈，我想要个显微镜。”我说:“好啊，等你从老师那里得到50颗星星，我就给你买。”

在这个等待和努力的过程中，孩子自然就会找到一套属于自己的自我控制的方法，从而为养成自律习惯打下基础。

了解了自律的心理机制，接下来就是具体的方法。

## 05 不能放任不管

董卿曾说:“我一直坚信一句话，性格即命运，性格有很大一部分是天生的，而在你的成长当中最初耳濡目染的榜样，就是你的父母。”

因此，父母能够自律固然很好，可以给孩子创造一个自律的环境，如果不能，起码得去及时督促孩子。

想想看，是不是在我们坚持陪孩子读英文绘本、坚持督促她练琴的时候，孩子们可以配合得很好。可一旦我们松懈了，哪怕只一周不管，再让孩子去养成习惯，就又得从头开始了?

## 06 时间管理能力很重要

时间管理能力很重要，想让孩子有这个能力，首先要培养孩子的时间观念。我们可以用沙漏、时钟等工具，帮助孩子感知时间。

那么，像涵涵这种已经对时间有认知的孩子，怎么培养他们管理时间的能力呢?还是要靠“在规定的时间内做完某件事”这个方法。

之前看一本关于时间管理的书，说如果记录一下自己一早上所做的事情，你就会发现自己有多么浪费时间。比如，有的人早上起来打开朋友圈、看看淘宝，不知不觉就一两个小时就过去了。还有的人工作时，本来想拿手机看个东西，结果看了下朋友们发的信息，又打开了其他软件，之后就完全忘记自己当初拿起手机的目的，就这样，时间又浪费掉了。

孩子们也是一样。说好的写作业，可是一会儿上厕所、一会儿摆弄玩具，不知不觉睡觉时间到了，孩子困得大哭，父母气得头疼。鸡飞狗跳之后，匆忙赶完作业，孩子含着眼泪去睡觉，留下懊悔不已的父母。

所以，要给孩子从小养成在规定时间内做完一件事的习惯。花 15 分钟读完今天规定的分级读物、在 10 分钟之内刷牙和洗脸、用 30 分钟做完作业……当孩子在规定的时间内做完了某件事后，一定要给予及时的鼓励和赞扬。

这样，习惯养成后，孩子就不会做事拖沓了。

## 07 有计划、有目标

美国教育专家罗伯特·J. 马扎诺博士认为：当孩子设定了目标时，任务的感知价值就会调动内在动机。

之前我老是自己做主，规定涵涵应该完成哪些任务，让涵涵有被控制的感觉，觉着她怎么总是在做作业。

为了改变她的认知，我做了两件事：首先，跟她一起记录学习时间和玩的时间分别是多久；其次，跟她一起制订学习计划，让涵涵自己提出下周要学的是哪些内容，除了老师布置的作业外还需要完成哪些内容，并规划一下每天要完成的小目标。

这样，在下一周里，涵涵每完成一个任务就在计划表上打个钩，自己还觉得挺有成就感。

## 08 及时表扬自律行为

我们的终极目标是希望孩子能够从他律走向自律，并且在未来的初中生活里，就算家长不管也能做好自我管理。因此，要及时表扬孩子们目前的自律行为，让他们有成就感，从而更愿意自律。

比如，涵涵做完了两页语文练习册和一页数学练习册，一共花了36分钟，我就赶紧表扬她，指出她的语文作业哪些字写得好，说明她认真写了。

一个孩子越能够被尊重，就越懂得自尊自爱，也会更自律。因为他不会觉着自己做不到、自己不够好，毕竟他们从小被鼓励、心中有爱、眼里有光，这些都激励着他们朝着更好的方向去前进。

所以，一定不要因为孩子不够自律就吼他，相反，我们要发现孩子自律的行为，及时给予表扬，正向强化他们自律的习惯。

每次写这样的文章时，总有读者留言：这届家长太难当了。

是啊，可谁让我们是家长呢？既然当了父母，就要做个足够好的家长。

给孩子从小培养习惯是挺难的，但是不忍受这种难，等孩子到了初中、到了青春期，就会有更大的难等着我们，那时才会体会到什么是无能为力，什么是心有余而力不足。

趁着有效期还没过，在小时候好好引导孩子吧。现在看似有点费力，等理顺就好了，未来就能轻松些。

## 发挥爸爸的作用，让孩子学会独立

最近打疫苗时，遇到的场面有些混乱。大家正排着队，一个男人把他老婆推到了我前面。我指着排得整整齐齐的队伍说："我一直在那人后面排着，请不要插队。"

男人说："哎呀，孩子嘛！你这人真是的，就一个人，就几分钟的事儿。"

我反问他："谁不是一个人，谁不是几分钟的事儿？"话音刚落，他竟又把他老婆推到了队伍更前面，并说："孩子打针呢。"

我很奇怪，这两个人一眼看上去就是中年，怎么还说是孩子？是他女儿长得太老成，以至于我眼拙了？

因为他俩是插队在队伍最前面，所以我还没思考出个结果，就轮到他们打针了。

预检的医生问："前一天喝酒了吗？"

那男人说："孩子打呢，是我孩子打。"

预检医生跟我一样，被眼前的两个人惊到了，看了眼站在一旁的女人，问："这是你孩子？你孩子来了吗？"

男人这才从旁边拉过来一个十三四岁的孩子:“来了来了，孩子在这儿呢。”

这一家人长得本就不高，经过此番行动，我觉得他们更渺小了。男人把插队视为理所当然，而女人全程没说一句话，完全认同老公的插队行为，孩子在旁边也是一声不吭，十几岁了，排队都得大人帮忙，对大人插队也没觉得有何不妥。我当时就想，如果是涵涵，她肯定会觉得我丢她人了，非得让我排队不可。

排队还在继续。我身后的女孩想让妈妈帮忙排队，她妈妈嫌天儿热，躲进了车里，走的时候说:“这是你自己的事儿，你得自己来。”

有了这两件事儿，我顺势开始观察那天陪着孩子打针的家长们。我发现，大多数以孩子为主导来做事的家长，孩子看起来都很“清醒”，独立自主；而那些帮孩子排队、帮孩子看着队伍情况、帮孩子干这干那的家长，他们的孩子都显得“迷迷糊糊”，只在一旁玩手机。

连排队打针这种小事家长都不肯“放手”，私底下却还经常抱怨孩子独立性不强，你说该怨谁呢?

同样是爸爸，最近我看的《不一样的父亲》里的爸爸就和文章开篇那位插队的爸爸很不同，这虽然是一部微电影似的广告片，但确实具有教育意义。

短片中的爸爸每天陪着孩子走路，甚至为了锻炼孩子，让孩子走不同的路去上学。虽然这样的事不是每个人都能做到的，但从中我们可以看出爸爸陪伴的重要性——孩子不仅仅需要母爱的无微不至，也需要父亲的大胆放手。

父亲和母亲天生的性格、处事方式、知识储备很不一样，这就导致双方会教给孩子不同的东西。每次涵涵让我陪她做实验、玩游戏，我看着她来来去去地布置，总会忍不住上去搭把手或唠叨两句；如果是让爸爸相陪，他从来都是翘着二郎腿坐在沙发上，等涵涵把所有的前期准备工作都做完，他才来一起做。

让爸爸带着去上兴趣班时也是一样，涵涵要自己装好工具、水杯等东西，我不在的时候她还得记时间和路线，以便提醒爸爸。

有一天早上爸爸去送涵涵，临走时问我："这是去上钢琴班还是英语班呀？"那是已经连续上了半个月的兴趣班，他竟然都不知道涵涵每天去干啥了。

每每这个时候，我就能看到涵涵的另一面——独立。原来，那些我以为她不会做的事，在爸爸面前，她都会。

当然，爸爸也不是一无是处、完全不操心的。我发现，很多我不知道的生活常识，或者地理、生物、历史等方面的知识，涵涵竟然知道，我问她，她便说："爸爸告诉我的！"

我是一个胆子特别小的人，小时候被村里的公鸡、牛、狗都追过，很怕各种动物，对待它们相当谨慎。所以，有小动物在场的时候，如果不是有爸爸陪着，而单凭我，涵涵可就不能去探索和冒险了。

爸爸的耐性也比我好。涵涵从小就是个话痨，从会说话起就开始问"这是什么""那个是干啥的"，到后来简直发展成了一个小小的“十万个为什么”，随时开启话题问爸爸，而爸爸从来没烦过。

我问涵涵爸，为什么你就不烦呢？他说：“我觉得孩子能问问题，证明她在思考，这是好事呀，为什么会感觉烦呢？”

生活是一部大书，孩子从生活中学到的东西往往比从书本中学到的更重要。在孩子探索生活这部“大书”时，妈妈很重要，爸爸同样重要。家长参与进来，多陪伴孩子，那些在陪伴路上接地气儿的学习和积累，能让孩子近距离地感知和观察世界，还能为孩子在书本和实际运用之间架起一座桥梁。最重要的是，家长积极参与，提高了陪伴的质量，让孩子感受到了更多的爱。

心理健康专家劳拉·德绍尔曾说：“不让你的孩子做决定，会把他们变成有依赖性的成年人。”虽然父亲有时不靠谱，但不得不说，爸爸有时比妈妈更容易“放手”，而他们给予孩子的陪伴，妈妈们也真的替代不了。

不要让父亲的陪伴成为一种奢侈品，爸爸们得行动起来呀！

## 用脑习惯也分好坏

在人的大脑中，前脑最为重要，我们做计划、定策略、控制情绪等都由前脑掌管。

大脑受基因与环境共同作用的影响，遵循“用进废退”的原则。它每时每刻都在受外界的刺激，会因为外界的需求而改变神经回路的连接，那些常常用到的神经被保留，并越用越活跃；而不经常用的神经慢慢会被“修剪”掉，想再建立就困难了。换句话说，大脑越用越灵活。

所以，很多用脑习惯，要让孩子从小培养。

比如，认真听讲、认真做作业。

小学的学习成绩有很大的迷惑性，就算孩子上课常常走神、做作业总是应付了事，在分数上与其他人也很难有太大的差距。但小学的一些基础知识没掌握牢，到初中知识点开始加深、拓宽的时候，孩子就会难于理解、疲于应对了。

因此，如果小时候没养成上课专心听讲、课后认真做作业的习惯，一天落下一点儿，积少成多，慢慢地，孩子与别人的差距就会越来越大。

很多孩子上了初中成绩跌得厉害，大人以为是初中的课程难度加大了，孩子消化不了。其实不完全对，有很大一部分原因是家长和孩子在小学时偷懒了。

再比如，认真思考的习惯，也需要从小开始养成。

几乎每一个孩子在逻辑思维的萌芽期，都会热衷于问问题。

2~5 岁的孩子逻辑思维有了初步发展，最关键的变化是他们的提问由“是什么”变成了“为什么”。我们称之为逻辑思维敏感期，因为因果关系就是一种逻辑关系。

涵涵就是这样，从 2 岁多开始一直到现在，她都是一个行走的“十万个为什么”，在外面能走一路问一路，在家里也是不停地问。不过，只要耐心回答就能发现，她问的问题越来越有深度。所谓“有深度”，是因为她在不断地提问，也在不断地思考，下一次提出的问题是她思考后的结果，逻辑思维能力在这个过程中得到了锻炼。

逻辑思维能力是人的一项很重要的能力，无论在学习中，还是生活中，它都起着举足轻重的作用。

当孩子提出千奇百怪的问题时，正是培养他们思辨能力的最佳时机。如果孩子不断提问的行为得不到鼓励和重视，错过这个年龄段，父母再想返回去培养这种能力，几乎是不可能的。因为孩子的成长是不可逆的，一旦思维方式形成，就很难再改变。于是孩子在学习中只会死记书本知识，不会活学活用，学习会越来越吃力，以后在工作中，也不会是一个主动思考的人，更成不了生活的有心人。

涵涵在课上学习了一篇关于端午节的文章，课后，老师让孩子们找一找关于端午节的故事。涵涵搜到一些资料，开始读第一句："每年农历五月初五是端午节，它与春节、中秋节并列为中国民间三大传统节日。"

从小，在涵涵阅读的时候，我总会自然地加入一些问题，或是在读完后跟她讨论一些问题，因此她在阅读的时候愿意认真思考。这一次读完，她自言自语道："咦，怎么没有国庆节呢？"

我听到后，感觉机会又来了，立马加入讨论，启发性地问："你想想看，国庆节是什么样的节日呢？"

涵涵答："国家庆祝的节日。"

我继续问："庆祝什么呢？能猜到吗？"

涵涵没说话。

我解释说："是庆祝新中国的成立。再想想，以前我们做过手抄报，新中国成立多少年了？"

涵涵答道："70 多年。"

我继续问："那你再读一下那句话，看看为什么没有国庆节？"

涵涵恍然大悟："哦，人家说的是民间传统节日！"

我再问她："那么，为什么儿童节、劳动节、妇女节不属于民间传统节日？"随后又提出另一个问题，"如果要说民间四大传统节日，你觉得还应该加上哪个？"

从孩子提出的问题入手，循循善诱，让孩子自己推导出结果，再从不同角度提出新的问题，引导孩子进行更进一步的思考，这是很好的方式。

孩子一个问题接一个问题，烦吗？有时真的挺烦的。但一想到这是培养孩子思辨能力的最佳契机，我就愿意忍受这种烦恼——当你觉得在做一件有价值的事情，“烦”的情绪往往就会消失。而且，就算真的烦到不想回答，我们也可以告诉孩子：“妈妈（爸爸）很喜欢你的问题，但现在我的情绪不是很好（我有些累），咱们过一会儿再讨论可以吗？”

还有很重要的一点就是不要迷信权威，要在孩子小的时候就告诉他，老师、长辈乃至专家都会犯错。

比如，奶奶说无花果不会开花，涵涵就没有附和，而是把之前看过的一本科普书拿来给奶奶，把描写无花果的部分读给奶奶听。

当然，我们有时也得教会孩子顺从，但要清楚顺从和盲从是有区别的。有时迫于无奈，可以顺从一些权威的说法，但这并不妨碍成为一个有思辨能力的人，只要不是盲从式的人云亦云就好。

## 细心不是念叨出来的

我跟朋友视频聊天，她说孩子期末没考好，语文基础题扣了13分，拼音声调写错了、字缺胳膊少腿、默写句子少字。数学也不例外，后面的难题没错，前面简单的反而错了。

朋友说，孩子什么都会，就是考试太粗心了。

表面看起来，孩子出的都是“小问题”，是粗心，而实际上，这些“小问题”并不小。把孩子出错的原因简单归于粗心，是很不可取的，原因在于：

第一，总把粗心当借口，孩子会把出了问题的地方忽略过去，不去认真分析出错的真正原因，通过考试暴露问题、查漏补缺的效果就没有达到。

比如“直”字，朋友家的孩子在考试中就把里面写成了两横。朋友说她粗心，孩子听了就会觉得没什么问题，只要下次细心就好，然而真正的原因是孩子对这个字的笔画不熟练、不确定，所以才会出错。没有找到出错的根源，到了纠错改正的时候，她又苦思冥想，去猜“直”字里面到底是多一画还是少一画，最后写出的还是两横。

第二，每次都说粗心，会让孩子忽视扎实学习的重要性。

就算每次考完试，拎着孩子的耳朵告诉他："下次一定要细心！"孩子也不会因此而变得更细心。反而因为粗心说多了，孩子也认为自己不是不会，只是马虎而已，于是更不会把这个知识点再认真透彻地巩固。最终，下一次考试还会出现类似问题，成绩也就有了差距。

许多家长常和我朋友说一样的话：

*考的题孩子都会，就是粗心没算对。*

*孩子经常漏题、错行。*

*我家小孩能把乘法看成加法。*

这样的家长还没有认识到粗心只是做题出错的结果，并不是原因。我们不能只看表面现象，重点是要帮孩子从错题中分析出真正的原因。

会却没做对，可能是假会。也就是说，孩子表面上看是会做了，但是没有彻底掌握，对知识点掌握不扎实。

写串行了、抄写出错，至少说明孩子写完不检查，同时也有可能是在写的过程中"偷工减料"，将原本的三步计算简化成两步，简化的过程中思维跳跃，自然容易出错。

准确率低，说明不熟练。同类型的题，写得很快，准确率很高，说明能熟练运用。若是写五道错三道，那明显就是缺乏练习，多做几遍，答案自然就在心中了。一个类型的题，反复练5遍以上不出错，才能形成深度记忆。

找到真正的原因后，帮孩子改掉“粗心”的毛病就容易多了。要从根源上解决问题，让孩子不再“粗心”，需牢记两个字——扎实。这两个字，指的是对知识掌握得扎实、好习惯养成得扎实。

良好的学习习惯最为重要，它是孩子牢固掌握知识、取得良好成绩的一大法宝。如果在学习中态度不端正，长此以往，孩子会形成浮躁的性格，这是学习的大忌。

小学低年级阶段是培养良好学习习惯的最佳时期，那么，培养哪些好习惯能够击破“粗心”呢？

## 01 及时改错

犯错本身不是一件坏事，不要孩子一出错就发火怒骂，或者严厉指责。因为犯错不可怕，从犯错到意识到错误，再到改正错误，这个过程正是大脑成长的绝佳时机。

孩子做作业时出了错，家长要拿出耐心，跟孩子一起分析出错的原因，让孩子意识到错误，及时改掉它，重新理解和记忆知识点。过一段时间，还可以让孩子把错题拿出来复习一下，巩固加深记忆。

## 02 认真审题

我当年上学的时候，在考试时经常把题目一扫而过，就开始选择答案。当时化学经常考催化剂，有一次题目中明明写的是氧化剂，我瞥了一眼，还是习惯性地按催化剂去思考答案，结果可想而知。

不认真审题的情况在孩子小时候更容易犯，但他们不是故意的。小朋友们从幼儿园升入一年级后，在很长一段时间里都不太能理解考试的真正意义，所以他们在审题的时候特别容易过多联想。比如，涵涵在做数学应用题的时候，就会发出这样的感叹：

“咦？王伯伯好厉害呀！”

做数学题怎么会有这样的感叹？原来是应用题里说，王伯伯每天能做 98 串糖葫芦。

涵涵的感叹还没完，读了整个题目后，她又说：“王伯伯生意真好，他做的糖葫芦肯定很好吃。”

再读另外一道题，读到一班、二班各有多少人坐校车去看电影时，她又感叹：“这所学校可真好，大家不用上课，集体去看电影。”

这种情况是成长过程中的必经之路，家长不要严厉斥责孩子，不妨引导孩子怎么审题。

无论做什么科目的题，在做题之前一定要先认真读题，找到关键字，确定这道题是让干什么很关键。所以，我们可以告诉孩子，那只是个题目，做数学应用题时，看关键信息和要解决的问题才是重点。

具体来讲，可以让孩子在读题的时候把已知条件和需要解决的问题分别圈出来，这样可以强化题目中的信息，防止思维过度发散，注意力不在题干本身。也可以让孩子一个字一个字地读要求，不要只读了一半题目便按习惯性思维去判断。有的孩子反应很快，看完半道题目就得出了答案，这样很吃亏，因为题目一旦审错，答案肯定南辕北辙。

慢慢地，孩子认真审题的习惯养成了，就不会再出现因审题不清而扣分的情况，也能杜绝题目要求画波浪线孩子却画成直线、题目要求标出正确读音孩子却标出错误读音的问题。

## 03 注意力集中

漏题、错行，可能是视觉追踪或者阅读习惯不好导致的，也可能是专注力不够。

粗心与专注力有密切的关系。专注力差的孩子，在视知觉把收到的信息传递到大脑进行分析时，信息会受到干扰，于是就容易出现信息的错误、遗漏或遗失，从而导致错误的出现。

培养孩子的专注力是个大工程，我会在下一节进行更详细的说明。

## 04 写完后要仔细检查

加号看成减号，乘法看成加法，题目要求画横线却画成圈，53写成35……这样的问题，通过仔细检查都能够发现。

考试时间紧，做题的时候肯定会加快速度，这样就容易有笔误或者出错。二次检查或者验算能很好地查缺补漏。这就需要在平时的学习中，让孩子学会自己检查，不能写完作业后把本子一推就没事了，把判断对错当成家长和老师的事情。

涵涵刚上一年级的时候，做数学题时都是爸爸把错的地方找出来让她改。后来，变成了爸爸告诉她作业里错了几道题，让她找出来改掉。再后来，是涵涵自己进行检查，要是没发现错误，那就在第二天让老师用红叉提醒她。

检查这个行为就跟课前预习、课后复习一样，都是习惯成自然的事情。

除了以上这些方法，孩子学习时保持环境的安静也很必要，尤其不要让孩子边看手机、电视或者边聊天边写作业。长期专心、专注地去学习，孩子才能不急不躁、充满信心，假以时日，养成细心的习惯，再也不会因为明明会却做错而感到可惜和遗憾。

有了好的学习习惯，面对基础知识掌握得不扎实的情况，我们又该怎么办?

## 05　功夫下在平时

在考试有时间限制和压力的情况下，人通常会本能地选择自己大脑中最先搜索到的记忆，而这个记忆很可能是错误或有疏漏的。

所以，当孩子自以为掌握了某个知识点，而实际上记忆并不深刻，印象很模糊，在考试中肯定会犯错。这就需要把功夫下在平时，重复、巩固，真正把每个知识点都掌握牢固，最先出现在大脑中的记忆就是正确的。

一、二年级每天的作业都有写生字，有的家长说:“我上小学时作业就是这样的，怎么过了这么久，时代变化这么大，孩子的作业还有写生字?”殊不知，这样的安排是符合学习规律的。小学低年级不好好写生字，加强对汉字的记忆，到了高年级，作文里就会错别字频出。到那时再去学写字，难不难？

## 06 适当刷题有必要

孩子在低年级时计算不过关，到了高年级，往往会出现难题有思路，最后得数却算错了。明明会做的题拿不到分，你说可惜不可惜？

所以，不要小看每天重复的口算练习，等到高年级问题暴露出来，补起来就麻烦了。

人生没有什么捷径，最快的途径就是在什么阶段做什么事儿，并且把这个阶段该做的事儿都做好，能做 100% 就不要只做到 95%，踏踏实实走好每一步，最后自然就会比别人做得好。

古诗词、生字、计算等都是需要一天天积累的，日复一日地训练才能让孩子获得在高年级仍能取得好成绩的能力。

## 专注力是保护出来的

专注力就是学习力，就是工作效率。孩子的专注力与生俱来，却被很多家长破坏掉了！

我和朋友带着各自的孩子去做蛋糕。

小孩子做的蛋糕在大人眼里是没有造型的，看着像随便乱弄。我静静地看着涵涵天马行空地发挥，朋友却一直着急地指导她的孩子宁宁。大概是因为觉得自己被控制得不舒服，不久宁宁就把手里的奶油扔掉，不做了。

活动结束后，我对朋友说：“你总念叨宁宁专注力不好，可有没有发现，你总是在打扰他，没有给孩子独立做事的空间？”

朋友说：“可是你看他弄得乱七八糟，一点儿造型都没有啊！”

我说：“他们又不是蛋糕师傅，我们是带孩子来玩儿的，又不是参加比赛，干吗那么较真呢？”

我接着说：“孩子看似做得乱七八糟，但他也在思考。大人不停地打扰他，他的思考就中断了，这样会影响孩子的专注力。”

说到这里，朋友恍然大悟道："难怪！我说为啥宁宁总是坐不住，现在都上大班了，在凳子上3分钟就坐不住了，注意力集中的时间很短。"

上次带涵涵去玩沙子，旁边有个小男孩是被奶奶带来的。他看见涵涵过来，就在一边看着涵涵玩儿，结果奶奶看不惯了：

"凯凯，你怎么不玩了呀？来，奶奶给你这根树枝，你来栽树吧！"

"对对对，就这样把树栽好，再往上弄点沙子。快快快，你咋不动了呢？"

"哎哟，你看这样弄多漂亮啊！"

过了一会儿，那位奶奶又说："凯凯，过来，喝点水儿，歇一会儿！"过了没几分钟，她又开口："凯凯，那边滑梯上人少了，我们去那里玩一会儿吧！"

再看那个小男孩，满脸不开心，又坐在那里不动了。于是他奶奶又开始责怪孩子，问他怎么不玩了。

很多大人都是这样，不给孩子一丁点儿自由空间，不让孩子自主选择，甚至全家人都围着孩子转。孩子被安排得明明白白，要么被一个劲儿地指导，要么被包办代替，再不就是被紧紧管束，这也危险、那也得小心，根本没有自主玩耍的机会。

生活在这样不断被打扰的环境里，孩子哪来的专注力呀？

还有一次我带涵涵去参加一堂绘画试听课，老师讲完后让孩子们自己画，结果家长们的热情劲儿比室外温度还高，不停地指导孩子该如何用色、如何用笔，像是生怕自己孩子画得没有别人好。可人生明明是长跑，何必争一时之长短？每个孩子都有其独特的闪光点，事事都让孩子超越别人，累不累？如果你做事的时候别人在一旁指手画脚，你会是什么心情？

所以说，己所不欲，勿施于人。

可以这么说，孩子的专注力不是被培养出来的，而是被保护出来的。那么，我们要如何提高孩子的专注力呢？关键在于两点，一是让孩子静下心来，二是不打扰孩子。具体来讲，有6个方法。

1. 让孩子知道什么叫专心。

临床心理师吴欣怡老师曾说："理想状态是日常生活中就让孩子知道何谓专心，并且适时对孩子的专心行为给予肯定。"

在跟涵涵相处的过程中，我发现这个方法很有用。

之前涵涵做作业时并不专心，会半路停下去拿点吃的，或者要一边听音频故事一边做作业。这个时候去责骂孩子肯定是没效果的，反而会激起孩子的逆反心。我们要做的是让孩子知道，做什么事儿时需要专心，什么是专心。于是我就跟涵涵说："宝贝呀，写作业的时候一定要专心，就是说，不要一会儿去拿吃的，一会儿去拿喝的，也不能一边听故事一边做算术题。"

当她做得好的时候，我也会及时给予表扬："涵涵，妈妈要郑重地表扬你，你写英语作业的时候很认真，没分神，只花了20分钟就完成啦！"说完还会啪啪啪地鼓掌——当了妈妈以后，我就成了“戏精”。

几次之后，涵涵就知道写作业的时候要专心，也知道什么是专心了，能在规定的时间内做好该做的事。

2. 不破坏孩子的专注力。

前面我说过，其实孩子天生是有专注力的，只是会在成长过程中被养育者破坏。

有两种养育者容易破坏孩子的专注力。第一种是责任心太强的，他们在孩子专注做事情的时候会不停地问：“你喝不喝水？”“要不要尿尿？”“来，吃点水果吧！”另一种是控制型的，他们在孩子做的事情不符合自己的期望或认知时会阻止孩子，比如：“不对，不对，不能这样画，太阳怎么可以涂成绿色的？”“来来，给你这根树枝，插到沙堆上，假装这是个城堡。”

孩子玩的时候，不要指导，不要打扰。就算他的玩法不符合我们的期望，但你能保证大人的玩法就一定比孩子的更好吗？别的不说，就说画画，恐怕没几个家长是专业的吧，何不让孩子自己去发挥想象力呢？

更何况，孩子能力的获得不是一蹴而就的，一切都得慢慢来，我们要用牵着蜗牛去散步的心态，允许孩子慢慢成长，不能期望孩子从一开始就表现得那么成熟。

3. 培养孩子兴趣。

一般来讲，喜欢画画、乐器等的孩子专注力都比较强。爸爸妈妈可以帮孩子培养某方面的兴趣爱好，但前提是孩子真的对这些感兴趣。

经常有妈妈问我，为什么她家孩子对什么都不感兴趣?

聊过之后我发现，原来不论孩子玩什么，这些妈妈都觉得玩法不对，常会给予否定，时间长了，孩子自然就对什么都提不起兴趣了。

孩子虽小，但也有自己的思想，如果我们主宰他的一言一行，那是在培养木偶，不是在教育孩子。

不管孩子是喜欢画画、喜欢搭积木，还是喜欢剪纸，我们只要提供他所需的东西，玩的事儿就交给孩子自己。在玩的过程中自由度越高，孩子就越能得到锻炼，他的创造力就越能得到发挥。相反，如果一味地让孩子根据大人的思路来，反而会束缚孩子的发展，限制孩子的天赋。

4. 减少唠叨和催促。

我是急性子，我老公却是个慢性子，而且是那种越催越慢的人，这不是在反抗，而是我的催促会打乱他的节奏，让他无所适从。

对孩子来说也是一样，催促会打乱他的节奏，让他变得更慢。这是为什么呢?

越催孩子越磨蹭，是因为孩子的专注力被催促声分散了，注意力产生偏差，做事的效率自然变得更低。

如果长期这样，养成了习惯，那孩子以后做事都会难以集中注意力，包括在学习中。所以，我们与其催促，不如引导孩子学习如何合理分配时间，让他体验到集中注意力快速做完事情的成就感。慢慢地，孩子就会变成时间的主人，在对时间的掌控中他也会越来越自信。

5. 亲子阅读或大声朗读。

一对一的亲子阅读，把孩子抱在怀里跟他一起读书，是最能培养孩子专注力的。

此外，我们还可以跟孩子一起大声朗读。我就常跟涵涵一起读《声律启蒙》或者古诗、儿童诗等，在这一过程中，不仅培养了孩子的语感，还能提高孩子的专注力。

6. 一次只做一件事。

如果总是打扰孩子，会破坏他的自我思考能力和自我探索能力，专注力也会下降。不过，这不是影响孩子专注力的唯一因素。

涵涵有段时间专注力突然变得不好，放学回家后，说想要剪纸，刚拿上剪刀不到两分钟，又想去玩拼图，图还没拼完，又改去玩拼插积木了。

之前给涵涵讲故事的时候，她可以专心听很久，直到把我们都讲累了，才恋恋不舍地放下书，说好明天继续讲。可最近讲故事的时候，我跟爸爸都发现，她听一会儿就跑下去拿个玩具，一边玩儿一边听，注意力并没有全在听故事上，也不再提问，不再指出我们讲错的地方。

跟爸爸讨论后，觉得可能是因为家里的玩具太多了，于是就收起来一部分。一段时间后，涵涵的专注力才恢复过来。

我们总是对孩子有亏欠的心理，或者是想弥补自己小时候玩具少的缺憾，于是可劲儿地给孩子买一大堆玩具，结果好心办坏事，反而破坏了孩子的专注力。

给孩子的玩具不能买太多。现在，涵涵玩耍时我就让她在玩具房玩，那里摆出来的只有几个玩具，其他的都收起来了。读书时也是一样，她的很多书都放在大书架上，等她自己够得到的小书架上的书看得差不多了，再给她拿新的出来。

另外，还有 7 个小游戏，可以辅助培养孩子的专注力。

1.I spy①。

I spy 游戏在美国可以说是家喻户晓，它不仅可以提高孩子的专注力，而且对提高孩子的语言应用能力和建立英语思维也非常有帮助。

在玩游戏的时候，家长可以用下列句式引导孩子去观察生活：

I spy with my little eye.②

It's something red. It can swim.③

当孩子找到符合要求的物品时，家长要立刻回应：

Yes, it's a goldfish. Good for you!④

① 意为“我观察”。

② 意为：“我用我的小眼睛观察。”

③ 意为：“它是红色的东西，它会游泳。”

④ 意为：“对，它是金鱼！做得好！”

当孩子回答不上来时，家长可以用眼神引导孩子朝着某个方向找，还可以教孩子用英语询问：

Is it a...?①

当孩子熟悉游戏规则后，家长可与孩子变换游戏角色，让孩子描述一个物品，家长来猜。

每次涵涵上完英语班，在回家路上就会跟她的小伙伴玩这个游戏，或者是另外一种类似的“猜猜看”游戏。在玩游戏的过程中，她可以顺便提高英文水平，而且还不会无聊到要玩手机。

2. 开火车。

这个游戏至少需要三个人，比如爸爸、妈妈和孩子。

三个人分别扮演上海站、北京站和西安站。爸爸先拍手喊：“上海的火车要开啦。”

三个人一齐拍手喊：“往哪儿开？”

爸爸拍手喊：“西安开。”

扮演西安站的孩子要马上接道：“西安的火车就要开。”

大家又一齐拍手喊：“往哪儿开？”

孩子拍手喊：“北京开。”

像这样，“火车”开到谁那儿，谁就得立马接上。“火车”开得越快越好，中间不要有间歇。

---

① 意为：“它是……吗？”

由于这种游戏要做到口、耳、心并用，因此能让注意力高度集中，同时也锻炼了孩子的快速反应能力。

3. 木头人游戏。

这个游戏一般也需要三个人，游戏方法大家都知道，我就不赘述了。

4. 给数字或字母画线。

涵涵所上英语班的教材里，每学一个字母，都要让孩子做一道给该字母画线的题：给出一句英文，然后从中找出刚学过的字母。

我们也可以把字母换成数字。随意写一串数字，比如1235287287729992，让孩子在数字2下面画线。当然，也可以增加难度，比如让孩子画出相邻的加起来等于10的两个数字。

如此变换无穷的玩法，既培养了孩子的专注力，又让孩子在玩游戏的过程中加强了对英文、数字的认知。

5. 复述数字。

这个玩法只需要两个人。比如，妈妈说三个数字："789。"让孩子复述。然后把数字增加到四个："2789。"继续复述。再到5个、6个……逐渐增加难度。

在这个需要注意力高度集中的游戏里，既提高了孩子的专注力，还能顺便增强记忆力。

我在演讲或者给员工培训的时候，即便用很短的时间准备，也能脱稿，这跟我有意识进行数字训练增强记忆力有关。不过，小时候没人陪我玩，我的方法是复述从身边飞驰而过的汽车车牌。

6. 智力训练。

现在有很多关于智力开发并提高专注力的书或游戏卡，比如走迷宫、找不同，或是在一张杂乱的图画中找出某样物品，或是找出一幅图中隐含的数字等。

涵涵最喜欢玩这类游戏，而且找到目标的速度绝对比我快。

这类训练能提高孩子的反应速度，还能提升其专注力，因为有的书或卡是配有沙漏的，要求在规定时间内完成，所以还是非常有挑战性的。

7. 钟表游戏。

看着表，跟孩子比赛，看谁保持不动的时间更长。我们最好一开始让着孩子，让他赢几次，这样他才会觉得有意思，不会被打击到不想玩。

另外，也可以让孩子盯着钟表，看秒针走一圈、两圈，这样做不仅能提高专注力，还能培养孩子的时间观念。

# 让孩子至少爱上一项运动

涵涵上游泳班是 5 岁之后开始的。

小时候我们常带涵涵去游泳。有一次下雨了，我们去的那个露天游泳池水比较冷，再加上水质不好，孩子又小，抵抗力不强，回来她就生病了，得了尿路感染，呕吐、发热，在医院住院治疗了半个月。

经历了这件事，再选游泳班的时候，我的第一要求就是水质，并且孩子不能和许多大人在一个泳池里，于是就选择了亲子游泳，一年四季都去。但是在亲子游泳班里学习进度是很慢的，因为孩子小，再加上我和爸爸都比较“佛系”，只把它当作给涵涵锻炼身体的方式，也就没怎么在意学习进度。

学完自由泳和仰泳两种泳姿后，差不多一年的时间，孩子的年龄也大了点，免疫力各方面都比小时候强，于是我就想换个离家近点的泳池，但一定要水质好。

这次换班，以及后来的再次换班，我都是傻傻地趁着暑假跟涵涵班里的其他同学一起报的。为什么说傻呢？因为老师在暑假的短期班里，教学目标一般都是以让孩子掌握一种泳姿为主，为的是让家长看到成果——孩子在水里能移动了。换句话说，他们并不会严格细致地去规范孩子的游泳动作。涵涵之前已经学过，有基础了，本来应该去上长训课，由教练带着，按照适合她的教学目标踏踏实实地打磨动作，结果因为我选班型的问题，白白耽误了两个暑假。

## 01　为什么我让涵涵学游泳？

涵涵上幼儿园中班的时候，骑滑板车摔骨折过一次，所以在选择运动项目的时候，我选了伤害性最小的游泳。加上试听完游泳课她自己也很喜欢，我就想陪着她把这项运动练成一个特长。

其实说“特长”并不恰当，因为迄今为止，涵涵在游泳方面没有参加过任何比赛，也没有拿过什么奖项，甚至可以说游得不算太好。所以准确地讲，是打算把游泳培养成能够陪伴她一生的运动方式。

我一定要让涵涵加强体育锻炼，一是为了强身健体，以便她有旺盛的精力去应对未来初中和高中繁重的学习；二是为了塑造性格，因为运动能提高孩子的抗挫力，帮助孩子正确认识胜负心。除此之外，运动对人的大脑，包括情绪和专注力都会产生积极的作用。还有，我想让她在学习之余有一项可以放松精神、发泄情绪的爱好。

研究显示，运动可以通过和抗抑郁药物一样的神经分子机制来发挥作用，增加神经元之间的突触连接，进而调节与情绪相关的神经通路，改善抑郁症状。李玫瑾教授就认为，青少年情绪抑郁现象最好的预防和治疗方式就是运动：“爱动是孩子的天性，多运动的孩子，情绪很少会抑郁。”

作为母亲，我想我的孩子有了弹琴和游泳这两大爱好，以后出现抑郁的可能性会大大降低吧。

## 02 为什么短期游泳班都是从蛙泳教起？

绝大多数家长不愿意看到自己花了那么多钱，孩子上了那么多节课，结果还在练习打腿的情况。游泳教练也了解家长的心理，所以他们只好根据“掏钱者”的思路去安排课程，让孩子“速成”，10 来天就能在水里游上一小段。

要完成这个任务，蛙泳是最好的选择，因为把蛙泳的动作做标准虽然要 3~5 年，但它是最容易学、最容易“游起来”的泳姿。

## 03 有没有必要报长训班？

其实，如果我们只是把某项运动——比如游泳——作为让孩子强身健体的手段来看，那么孩子在短期班里学会了基础动作，不去长训，自己锻炼也可以。但如果想把它发展为孩子的一门特长，还是要让专业教练给孩子规范动作、制订运动计划的。

涵涵 5 岁多时开始游泳，不过那时学的自由泳和仰泳的动作要领应该已经忘得差不多了，现在，她正在跟着专业教练从头训练。涵涵目前练习蛙泳的进度看着已经很不错了，但是教练还不满意，他的要求比较严格，这也是涵涵长训时我选择这位教练的原因。

孩子可选择的运动项目不只游泳，体操、足球、篮球、排球、乒乓球、羽毛球，甚至是跑步、跳绳，这些都是很不错的。

总之一句话，让孩子动起来吧！不管哪种运动，找到每个阶段适合孩子的，坚持每天运动，对孩子的身心发展大有益处。

# 找对方法，事半功倍

## 想学好英语，要坚持做这 3 件事

网上的经验和资源虽然越来越多，可也让家长更没有头绪了。其实想让孩子学好英语并没有那么难，家长的培养方法尤为重要，一定要坚持做好这几件事。

### 01　学英语离不开朗读

“80 后”这一代，相当一部分人都是从初中才开始系统学英语的，不过从初中到大学也学了小十年，可是多少人还是除了“How are you? Fine, thank you”，别的一句话都讲不出来。

轮到咱们孩子这一代，两三岁甚至刚出生就开始学英语了，家长们投入巨大的人力、财力，见缝插针地让孩子磨耳朵、背单词、刷语法题，但往往收效甚微。

有一天，我坐公交回家，刚上车就碰到一对母子在车上背英语单词。那时是下班放学的高峰期，车上非常挤，孩子坐了一个位置，嘴里小声地念着单词，一遍英文、一遍中文，再把英文单词拼读出来："pencil，铅笔，p-e-n-c-i-l；pencil，铅笔，p-e-n-c-i-l……"

妈妈站在旁边，等孩子念够一轮，就开始听写单词。然而孩子念了许多遍，还是每次听写都出错，出错了就要被罚重背十遍，结果越背越错。妈妈气得不管不顾地当众数落起孩子，孩子又紧张又害怕，加上难为情，脸涨得通红。我在一旁看着，都替孩子捏把汗。

下了功夫没有效果的还有朋友家孩子，线下英语班给他报了，线上英语课也在上了，课堂上他认真听，课后练习也认真完成，可是英语成绩就是上不去。

另一位朋友家的孩子从一两岁就开始看英语绘本、英语动画片。刚开始一切都好，不料等到两岁后，孩子竟然开始排斥英语绘本，动画片也不看英语的，一定要看中文的，让她通过绘本、动画片来学英语的方式难以继续进行下去。

我高中同桌则是另外一种情况。

她的英语成绩倒是很好。那个时候，晚上寝室熄灯了，我们还要拿着手电筒在被窝里背单词、做卷子，而我这位同桌很少这么做，也从来不见她孤立地一个一个地去背单词。英语书和笔记本上，我们都是记了满满当当的语法知识点，而她的笔记就寥寥几笔。虽然如此，我们大多数人很怕的完形填空和改错题，她几乎次次都能拿到满分。

她总说自己语法知识掌握得并不好，有同学请教她做题方法，她也讲不出来个所以然，只说不知道为什么这么做，只是看一眼就觉得应该是这样的。有同学说她太过谦虚，也有同学说她不爱分享，不过我知道，她说的是实话。

同桌英语好，源自她那位当小学老师的妈妈的逼迫。自初中起，她妈妈就逼她背《新概念英语》里的课文，她背了很多，于是对英语中常见的表达、搭配很熟悉，也就是通常人们说的“语感很好”，做题时自然而然就用上了。

大量的背诵让她的英语成绩有了很大提高，但是她并不爱英语，她说自己的学习过程太痛苦、太枯燥了。可以这么说，她妈妈虽然把她的英语成绩逼上来了，但也把她对英语的兴趣逼没了。

现在的孩子在英语学习上可真的是下了大功夫，家长的时间、金钱、人力也都投入不少，费时耗力，但为什么用力很猛却收效甚微？孩子的英语就是没有起色，即便有几个成绩不错的，也是厌学情绪严重。

其实，症结就出现在学习方法上。

英语学习的过程本可以是轻松、愉悦、简单的。下面我就分享一些从一位考过英语专业八级的朋友那里学到的方法：

我上初中的时候开始学英语，初一暑假镇上开了个英语培训班，这是唯一的培训班，人并不多。

这个培训班的老师和学校里的老师教法不太一样，不要我们每天默写单词，只是让我们诵读课文。

老师会在教材里挑上一段，带领我们先读一遍，简单分析讲解一下文章，拿出几个单词解说一番，然后继续示范诵读。他也不要求我们背课文，但是要求一定熟练朗读，每次上课前都要挑部分同学一个一个起来把上次学的内容读一遍，读得不熟练的便不过关。

那个时候好胜心强，总是想读好得到表扬，所以每篇文章读上个一二十遍都是正常的事情。就是那个时候，我感受到了朗读对于学英语的妙处。我越读越有劲，渐渐地，在英语学习上仿佛“通了”。

我觉得很幸运，碰到这位老师，用这种方式把我引领入门，让我一直保持着对英语的兴趣。

可以说，想把英语学好，最有效的方式就是朗读。

朗读有助于理解句意、体悟语法。

古人云：“书读百遍，其义自见。”一段对话或者一篇短文，读得多了，熟练了，其大意也就不难理解了，可见朗读有助于对文章的理解。中文如此，英语也是一样。

在朗读过程中，英语词汇的表达次序、句式结构关系会在不经意间融入脑海，语法结构知识也就自然而然地掌握了。孩子的语感可以在反复朗读中得到很好的锻炼。

朗读有助于语音的训练。

很多人觉得自己的发音不标准，花了很多精力在音标的训练上，然而中文和英文发音的最大区别不在单个读音，而在音与音之间的关系上。

中文一字一音，英文却是绵延不断。比如“When I was a little girl”这句话，中国式英语往往一个词一个词地读，像蹦豆子一样，而英美人读的时候，“when”和“I”、“was”和“a”是可以连读的，整个句子只用一口气，是很流畅的。

所以，英语口语是否地道，不在单个读音，而是与连读、弱读、异化等语音现象有关。单个音固然也需要专门练习，但最好的方式还是将其放在段落中朗读。

朗读还可以提升口语表达的流利度。

影响英语流利度的因素很多，但大概来说，主要是表达形式与表达内容两类。

对于表达形式，英语中有大量的句块和固定搭配，比如“as far as I know”，对于这类语言结构的熟记，能够帮我们以意群为单位而非单词为单位来构造句子，从而提升流利度。

表达的内容也可以在朗读的帮助下提升。读的文章多了，眼界自然就宽，积累得多了，可以表达出来的东西也就有了。

当然，这些东西通过背诵也能熟练掌握，但是一味死记硬背，这个过程难免有些枯燥，特别是在不理解文章大意的前提下，背诵更痛苦。朗读的过程至少是愉悦的。更何况，中国有句古话，背诵的最好方式是“熟读成诵”。

坚持英语朗读，增强的不仅仅是语言能力，还会提高孩子的自信心和成就感。

孩子读得好，发音准确流利又地道，他自己就能感受到语言之美，于是会越读越喜欢、越读越有信心，加上外界的正面反馈，孩子的成就感会大大增加，而自信心和成就感是让孩子把英语学习坚持到底的原动力。

当然，这里说的朗读，是指正确的朗读，读的时候一定要尽可能把音发准确。对发音没有信心的，可以先听原音，注意听重音、语速、停顿、语调、连读，从模仿开始。

最初练习时，一定要读得慢一些，哪怕一天只练习一句，只要把这一句读准确、读熟练，就是有效的。随着熟练度的提升，可以慢慢提速，增加每天的练习内容。但是，速度的提升一定是建立在准确的基础上的，只有读对了，才能去提速。

等自己独立朗读差不多了，就可以录音，把自己朗读的内容录下来，听一听原文录音，再听一听自己的录音，做一个对比，这样才能更好地找到和标准音之间的差别，进一步去提高。

坚持朗读，就走好了学习英语的第一步。

## 02　学英语的最好辅助是动画片

通过动画片来帮助孩子学习英语，以类似母语的浸润方式来习得外语，是孩子学习英语非常有效的手段之一。

动画片中有情境，孩子可以借助画面理解语言，特别是比较贴近生活的原版动画，孩子能通过情境猜出语言所对应的含义，这对孩子的英语口语和听力都会有很好的促进作用。

不过，同样是看英文动画片，不同孩子的观看效果千差万别。有的获益匪浅，能够活学活用；有的觉得看不懂，进而排斥原版动画。所以，看动画片可不单单是找好资源，然后把视频打开，扔给孩子就行了。

首先，家长要选对动画片。

选择合适的片源很重要。一部优秀的启蒙动画片，通常都是画面简洁、情节简单有趣、色彩丰富鲜艳、配乐活泼灵动的。这样的动画才能引起孩子的兴趣，沉浸在这样的世界里，孩子是快乐的，自然就会愿意反复看。

给孩子选入门动画片，需要注意：

①动画片长度：最初，长度要尽量短，5 分钟左右，短小精练的动画片更容易控制时间。除了出于保护眼睛的目的，也是因为孩子的注意力是有限的，太长的也看不进去。

②语速：刚开始可以选择慢节奏的，语句尽量简单，重点内容能够多次重复。

③内容贴近孩子认知水平：内容既要包括孩子熟悉的人、事、物，也要符合孩子当前年龄的认知和心理发展水平。

④“三观”正：好的动画片是真正从儿童的视角看世界的，是了解孩子的精神和心理世界的。

Maisy 系列、Penelope 蓝色小考拉系列、Peppa Pig 系列，这些超经典的动画都可以作为小朋友的英语启蒙选择。Maisy 系列相对来说更低幼一些，Penelope 蓝色小考拉系列的语速较适中，Peppa Pig 系列的年龄涵盖面则更广一些。

选对了动画片，还要掌握对的观看方式。

初期看的时候，以兴趣引导为重，孩子喜欢怎么看就怎么看，家长需要做的就是帮孩子养成严格控制时间的习惯。这个阶段，父母最好陪着一起看，可以稍微给孩子解释一下剧情。

随着时间的推移，和阅读有精读、泛读之分一样，动画片也要精看和泛看相结合。

泛看的内容主要以孩子兴趣为主，在孩子自由观看的基础上，可以固定一个时间，挑孩子感兴趣的内容，陪着孩子精看某一集。

精看的目的则更偏重学习了，家长要和孩子一起看，最好能记住动画中的一些词汇和精彩对话，并在生活中输出，加深孩子的理解。

咱们以 Peppa pig 粉红猪小妹为例，简单说一下如何精看。

Peppa pig 的内容非常简单，很生活，适合运用到日常中，而且有很多词汇、句型会在同一集里来回重复，看完可以从中提炼出很多经典常用句型。

比如 Peppa Pig 其中的一集 Snow，在冬天里，这一集很多单词和句型都可以应用。比如：

Mummy! Can we go and play in the snow?（妈妈，我们可以去

雪地里玩吗？）

这个句子中的 in the snow 是可以随意替换的，学会这个句子，以后要问“我们可以去某地玩吗”的时候就可以熟练运用了：

Can we go and play outside?（我们可以去外面玩吗？）

还有一些常用句，我列出来供大家参考：

It’s very cold outside, so you must wrap up warm.（外面很冷，你要多穿一点。）

Don’t forget to wear your hats, and scarves and gloves.（记得戴上帽子、围巾和手套。）

这两句简直是妈妈的必备句呀！

That is the best snowman I have ever seen!（这是我看过的最棒的雪人！）

这句话学会，就可以让孩子用来夸人了。

I can’t find them anywhere.（我到处都找遍了也找不到它们。）

以后东西找不到了，都可以这样表达。

这集动画片除了可以提炼出很多万用句型，还可以让孩子学会一些身体部位的表达，比如 body、arms、face、mouth、eyes、nose。

又比如 Pancakes 这一集，里面有很多和实际生活场景相关的句子：

Today is a day for pancakes.（今天准备吃煎饼。）

I love pancakes.（我喜欢煎饼。）

日常生活中，pancakes 一词可以随意切换成孩子喜欢吃的东西。

还有一些句子，可以拿来在生活中运用：

Leave it to me.（把这个留给我来搞定。）

You two sit at the table while I cook the pancakes.（我煎煎饼的时候，你俩就乖乖坐在桌旁。）

You can show us how it should be done.（你可以展示一下要怎么做。）

The secret of making a good pancake is to flip it high into the air.（摊一张好的煎饼的秘诀，就是要把它抛得高高的。）

It should be a simple matter to get it down.（要把它拿下来很简单的。）

像这样，孩子喜欢看，多次看，有了正确的输入，在现实中遇到与动画里相似的场景时，他就会自然而然地蹦出英文，输出的效果也就达到了。

朋友的女儿就喜欢看 Peppa Pig，说有次看完 pancakes，刚好要吃午饭，孩子正吃饭的时候抬起头看着屋顶说：

“Pancake, daddy pig’s pancake.（煎饼，猪爸爸的煎饼。）”

朋友趁机问：

“Where is daddy pig’s pancake?（猪爸爸的煎饼在哪里？）”

孩子就指着屋顶：

“Here. On the roof.（这里，在屋顶。）”

然后她们就可以一问一答了：

“Why was the pancake there?（为什么煎饼会在那里呢？）”

“Daddy pig flipped the pancake too high.（猪爸爸把煎饼翻得太高了。）”

“How did they get it down?（他们怎么把煎饼取下来呢？）”

“Jump.（跳啊。）”

然后，朋友就顺势给孩子补充完整：

"Yes. Mommy pig, Peppa and George jumped up and down. And the pancake fell on daddy pig's head.（是的，猪妈妈、佩奇和乔治一起跳。结果煎饼掉到了猪爸爸的头上。）"

这样不用再刻意提问，就帮孩子把情节基本复盘了一遍，单词和句型孩子也就自然熟记于心了。

有些家长可能会说，我英语不好，不会提问，不会复盘。其实，儿童动画片中的对话很简单，一般很短，我们可以把其中的句子用心记一小部分，在生活中碰到合适的场景就可以运用。在日常生活中碰不到合适的情景，还可以人为创造机会——和孩子玩角色扮演游戏。

比如，做煎饼的过程，就是角色扮演时很好的情景演绎：

First, I put some flour in the bowl.（首先，我把面粉放进碗里。）

Now, I add an egg.（现在，我加只鸡蛋。）

Now, the milk.（现在来点牛奶。）

And I give it all a stir.（然后我把它搅一搅。）

晚上睡觉前的亲子聊天时间，是把今天精看的内容拿出来和孩子讨论的好时机。把看过的动画片和孩子一起复盘、讨论、进行演绎，能提高看动画片的效率，让孩子更好地理解和运用其中的英语知识，孩子口语水平的提高也就是自然而然的事情了。

不过，对孩子来说兴趣最重要，提高看动画片的效率，要通过合适、巧妙的方式引导，不要强迫哦。

## 03　阅读是英语学习的基础

英文的阅读水平，包含阅读的流利度和速度，以及阅读理解能力。让孩子爱上阅读，提升阅读能力，也是讲究方法的。

1. 找到合适类型的书籍是激发孩子阅读兴趣的关键。

寻找适合孩子的读物，可以参照美国小学里应用很广泛的“五个手指”原则，即给孩子选择一本书，随意打开一页，让孩子找出自己不认识的单词，每次找出一个不认识的单词就竖起一根手指。一页看完，进行统计：

0~1 根手指，表示这本书对孩子来说太简单了；

1~2 根手指，表示这本书是非常完美的选择；

3~4 根手指，表示这本书可以让孩子尝试阅读；

5 根手指及以上，表示这本书对孩子来说太难了。

一本书的一页里如果发现 5 个以上的生词，那么对孩子自主阅读来说就稍难了一点，不如先放下，等过一阵子孩子的阅读量更大一些了再来尝试。

这个方法的原理是，一本书中的生词数量不多，而且重读率很高，那么阅读的难度就会降低很多，孩子在阅读过程中的成就感就会提高，也会爱上阅读。

当然，有的专家建议，在学习不是母语的英语时，也可以把这个方法变为“3 根手指法”，即竖起 3 根手指及以上便是很有难度了。而在阅读内容的选择上，则可以给孩子一定的空间和自由度，让他们自己做主，选择感兴趣的题材，这样才能充分调动孩子的阅读积极性。

2. 要建立常规的阅读程序。

家长可以给孩子安排每天固定的阅读时间，并且最好能抽出一些时间和孩子共读。

刚开始跟孩子一起读英文的时候，如果孩子的母语习惯已经很牢固了，他会表现出排斥情绪，但若能够每天坚持，慢慢就会习惯阅读英文。

3. 提高阅读理解能力的具体方法有两种，一是故事演绎，二是故事复述。

所谓“故事演绎”，也就是常说的“绘本演绎”，即将故事内容通过表演的形式进行梳理，让孩子对故事内容有更深入的理解，并引发思考。

这种方式把故事情景再现，可以激发孩子的兴趣，实现浸入式的英语学习，引导孩子主动输出英文。而且表演形式有很强的互动参与感，让孩子同时动用听觉、视觉、语言、感觉等多种感官，既有趣味，又能让孩子全方位地吸收知识，体验阅读的乐趣。

故事演绎常常可以通过以下几个步骤展开：

①自主阅读理解故事大意。

孩子要先独立完成初次阅读，对故事内容有自己的判断，理解文章大意，为故事创作的步骤做准备。对于还没有自主阅读能力、年龄小一点的孩子来说，家长可以先带领孩子进行初次阅读。

孩子自主阅读时如果遇到不认识的生词，先不要着急给孩子解释或者查字典，可以先引导孩子结合上下文对生词进行推测，实在推测不出再去查。

②创作和演绎故事。

在创作故事之前，家长可以再和孩子一起把故事内容熟悉一番，把之前不理解的生词和句子进行梳理，等到对故事有了深层次的理解后，就可以开始进行创作了。

进行创作时，首先需要确认故事中的人物和故事背景，再进行大纲的架构。一般情况下，大纲通常会被分为三部分，即开端（引发故事的某个事件）、经过（事件的展开）、结尾（事件的结局）。最后，我们需要以大纲为框架填充故事的细节，一个完整的故事剧本就完成了。

比如经典英文绘本 *The Very Hungry Caterpillar*（《好饿的毛毛虫》）。在这个故事剧本的创作中，故事主人公就是毛毛虫，故事的背景是一片树叶，故事的开端是毛毛虫出生，经过是毛毛虫不断吃下各种食物，结尾是毛毛虫变成蝴蝶。在故事中间，可以填充的细节包括毛毛虫分别在哪一天吃下了哪些食物、毛毛虫每一天都发生了什么变化等。

在创作过程中，可以把孩子不认识的生词和句子融入故事情节。比如在《好饿的毛毛虫》中，Sunday、Monday、Tuesday 等这些表示日期的词比较抽象，如果孩子没有提前学习过，可能就分不清每个词具体是哪一天，那么在故事创作时，家长就可以增加这些词的出现频率，帮助孩子加强认知。

除了对生词的学习，我们还可以通过问题引导孩子，让孩子对内容产生进一步的思考，创作原故事中没有的剧情，甚至改变原来的结局。

比如读到《好饿的毛毛虫》中的“That night he had a stomachache（那天晚上他肚子痛）”时，我们就可以提问：

Why does the caterpillar have a stomachache？（为什么毛毛虫会肚子痛？）

孩子也许会回答：“因为它吃了太多东西。”那么家长就可以接着发问：“吃太多东西还会怎么样？”

在不断发问和回答的过程中，家长还可以引领孩子进行想象，比如毛毛虫是不是吃了太多不健康的食物才会不舒服？平时自己不舒服了怎么办？等等。之后，再将这些发散性的想法加入故事情节中，一个新的故事就形成了。

故事创作完整了，接下来就是将创作的内容表演出来。完整的呈现可以让孩子对故事有更整体的认知，同时还锻炼了口语和对话能力。

故事复述法，是通过提问的方式帮助孩子回忆故事中的关键信息，梳理故事的情节和内容，实现对故事的灵活记忆和深层理解，同时巩固孩子的口语能力。

复述之前，家长可以和孩子一起梳理故事的关键信息。

一个故事中的关键点大致可以分为五个，即“故事五要素”，它们分别是：

Setting：环境，即故事发生的时间、地点；

Characters：人物，故事中出现的所有角色；

Problem：问题，即故事的起因；

Events：事件，故事的经过；

Solution：解决方案，故事的结局。

读完故事后，就可以根据关键信息向孩子提问：

故事里有哪些人物？

发生在什么时间、什么地点？

故事一开始是怎样的？

后来发生了什么？

最后的结局是怎样的？

掌握了这些关键点，孩子就可以进行有条理的复述了。

当然，家长也要注意不要让孩子觉得是为了回答问题才读故事，那会把阅读变成任务，最后又成了加在孩子身上的痛苦。我们可以用多样的方法引导孩子复述故事，保持孩子对阅读的兴趣。在这件事上，可借鉴一下美国老师想出的新奇点子：

五指法：孩子可以比着自己的手，在纸上画一幅五指图，将故事五要素分别标记在每个指头上，形成一个完整的故事框架，降低复述难度。

彩虹法：彩虹法是利用颜色来区分故事的重要信息，每种颜色代表不同的内容，比如用红色代表故事人物，橙色代表故事环境……

掷骰子：这种方法比较适合人多一些的小组活动，可以把故事复述的问题按照骰子的顺序对应好，然后给每个成员一个骰子和一张对应的问题海报，请成员们分别来掷骰子回答问题。

故事复述法能够加强孩子对所学内容的理解和对语言结构的认知，养成英语思维，更能帮助孩子实现独立阅读，为终身学习打下基础。

可以说，如果孩子掌握了阅读理解能力，将来无论是在日常学习还是在考试中，都会占据更大的优势。

# 数学思维，在游戏中就能轻松提升

我的读者群里有很多妈妈会谈到数学启蒙的事儿，这些妈妈的认知比很多人都高，也不会觉得数学启蒙就是让孩子学习加减法。但具体到数学启蒙到底包含哪些内容，大家说得还是不够全面。

数学启蒙其实是为了提高孩子的数学思维能力，而不是仅仅学会 100 以内的加减法。因为思维能力是基础，基础搭建好了，学会其他的知识就是水到渠成的事情。

那么，数学思维包含哪几个方面呢？我先列出常见的一些形式，虽不全面，但可以先从这几个方面入手去启蒙孩子。

## 01　数感和运算

著名数学老师孙路弘曾说：“具有良好数感的人，对数的意义和运算有灵敏而强烈的感悟能力。数感体现在许多方面，如理解数的意义，能用多种方法来表示数，能在具体的情境中把握数相对大小关系，能用数来表达和交流信息，能为解决问题而选择适当的算法。”

孩子在进入数数敏感期的时候会特别喜欢数来数去，爬楼梯的时候数，吃东西的时候数，这时就可以抓住机会培养孩子的数感。

先让孩子学会数 1 到 10，接着可以变成 1 到 20，或者 1 到 30。3 岁后，孩子能从 1 数到 100。再大点，可以鼓励孩子从 100 倒数到 1。练熟了之后，还可以“1、3、5、7……”这样有规律地跳着数。

涵涵不到 5 岁，她爸爸就在跟她一起散步的时候教她数数，她很快学会了从 100 倒数到 1，后来渐渐地，我发现她的数感挺好。

有一次玩游戏，有个问题是 5 乘以 5 等于多少？我告诉涵涵，5 乘以 5 就是 5 个 5 加起来。

一次我带涵涵出去玩，回家的路上她问我：“妈妈，是不是 6 乘以 5 等于 30 呀？”

我说：“是啊，你怎么知道的？”

她说：“你不是说 5 乘以 5 就是 5 个 5 相加吗？那 6 乘以 5 就是 6 个 5 相加呀！”

经过我的鼓励，她又相继说出了其他关于 5 的乘法运算，一直说到 10 乘以 5 等于 50。

这不正是孙路弘老师所说的，具有良好数感的人对数的意义和运算有灵敏而强烈的感悟能力吗？所以，千万别错过在孩子数数敏感期对孩子进行引导的机会。

说到运算，千万别让孩子死记硬背运算法则或者刷题，生活同样能够给他启蒙。

吃苹果的时候，家里三口人，一人拿一个，这时可以问问孩子，一共要拿几个苹果？孩子说3个，那你就可以总结说：“嗯，爸爸妈妈的两个加上宝宝的一个，就是三个苹果。2加1等于3。”

还有，每次买完东西付账的时候，也可以引导孩子去算一算，这也是很好的数学启蒙。

现在涵涵已经形成习惯了，不用我们问，自己就开始总结了。上次奶奶带她出去买东西，买了两样，一个2元、一个7元，她便说奶奶一共花了9元钱。

因此，真的没必要让孩子刷那么多题。每天在生活中启蒙一点点，幼小衔接班也无须去上。

## 02　空间和几何思维

我的空间认知能力不好，以前上高中时，在立体几何的题目上吃了不少亏。当时每天吃完饭，我都要赶紧回教室去做数学题，结果其他科目轻松拿到单科第一，数学却仍拖后腿，真正体会到了事倍功半的无力感。

有了涵涵后，我不但看了健康养育、预防疾病的各类书籍，还看了如何引导孩子的行为习惯、如何度过孩子的敏感期等育儿书，甚至还去学了心理学。再后来，我发现很多文章或者早教方式在大脑发育方面的理论基础还很滞后，所以，我又开始看关于大脑发育的书。

直到这时我才明白，空间感知力不像加减法那样，经过大量的计算练习就能得到。作为一名深受立体几何“毒害”的数学

“学渣”，我立志决不能让涵涵走我的老路。

空间认知能力是数理能力的重要基础，对上学的孩子来讲，掌握“空间认知能力”除了能让数学中的立体图形问题变得容易，还有一个好处，那就是孩子在做数学应用题及语文的阅读题时，也会因为能够在头脑中进行想象而变得游刃有余。

而且，空间认知能力在科学、建筑、医学、艺术等各个领域都很重要。这个结论结合我们自己在学习和工作中的实际感受，仔细想一下就会明白。

空间认知能力如此重要，我们要如何培养孩子的空间认知能力呢?

1. 给孩子提供多种多样的活动条件。

孩子在进行坐、爬、走、翻箱倒柜等活动的时候，实际上也是在探索空间。在保证孩子安全的前提下，尽量不要这不行、那危险地去阻止。着急忙慌地去阻止，不仅不利于孩子探索，还会破坏孩子的安全感。

涵涵小时候喜欢翻抽屉那一阵儿，我就经常把抽屉抽出来放到她跟前，让她尽情翻，这样我自己还能去干别的事。

直到现在，她虽然不爱翻抽屉了，但《我妈妈的手提包》这本书，她还是时不时从架子上拿下来，翻一翻、玩一玩。

2. 可以经常使用空间词汇。

当孩子玩小汽车的时候，如果他面前放着两辆小汽车，他首先看到的是数量而不是两者之间的空间关系。这时我们可以说:

“消防车在铲车的左边，铲车在消防车的右边。”也可以把小车放进大车里，教孩子认知“里外”的概念，还可以把小车垒起来，让孩子体会“上下”的意思。

平时，也可以给孩子一些包含空间认知的指令，比如：帮妈妈拿一下充电器，在玩具房一进门那个柜子的第二层。或者让孩子自己去阳台拿雨鞋，告诉他：“左手边，往下看。”或说：“向左转，鞋在地上。”当然，我们在发出指令时要考虑到孩子的认知发育水平，不能一开始就说包含多重空间认知的句子，那样反而会给孩子造成挫败感。

等孩子大一点，可以教他们辨别方位。我自己经常分不清东南西北，结果涵涵倒是分得很清楚，兴许是被我这个“找不到北”的妈妈逼的，兴许是平时爸爸和她一起出去会有意识地引导。反正，她的方向感要比我好得多。

辨别方位的能力与生活息息相关，锻炼的机会也有很多，可以在外出旅游的时候带孩子一起看地图找方向，也可以让孩子辨认经常要去的街道名称、标志性建筑。其实，有时候孩子不需要我们引导，自己就经常干这事儿，前提是不要一坐上车就把手机递给他。

3. 可以在游戏中发展孩子的空间认知能力。

积木、拼图、乐高、折纸、剪纸等游戏，不仅能锻炼孩子手部的精细动作，锻炼手脑协调，也可以发展孩子的空间认知能力。

除了这些，我们平时还可以跟孩子一起做些空间认知能力的游戏题，比如迷宫。最初我想，每天让涵涵做一两页这类游戏题，等上小学时，她就不会对做作业感到不适应。可没想到，涵涵一拿到这类书就上瘾了，一次非得做完一本才罢休。

所以你看，根本无须担心现在让孩子学的东西会不会太多、会不会太早，有没有可能破坏孩子的兴趣，我们应该考虑的是采用什么样的引导方法。像这类锻炼空间认知能力的迷宫题，孩子既学习了知识，又乐在其中。

## 03 测量和对比思维

测量和对比，其实孩子天生就有这种模糊估算的能力，他们能说出爸爸比妈妈高，而很多孩子就算不会数数，也知道选择两堆糖果中更多的那堆。

数学是很抽象的，可我们若把抽象的数学转换为具体的生活场景，就非常形象、便于理解了。我们可以从生活场景出发，再回到抽象中来。用吃的、玩的做例子是再好不过的，孩子喜欢这样的玩法，而这就是对孩子的数学启蒙。

## 04 推理能力

平时给孩子读绘本的时候，可以在讲完故事后，提一些能锻炼孩子推理能力的问题。比如，讲完《小岛》的故事，可以问问孩子，小女孩知道小岛就是海龟吗？孩子做出回答后，可以再问问，你的推理依据是什么？

如果觉得读绘本提问题不太好操作，也可以直接买包含推理游戏题的书。孩子很喜欢玩这类有挑战性的游戏，经过一番挑战、努力取得成果，会让他们很有成就感。

你看，数学启蒙并不像想象中那么难，在生活中、绘本里都能去发现、去学习、去积累。

如果父母对数学感到焦虑，那么这种情绪会传染给孩子，让孩子也焦虑，最终影响他的数学成绩。所以，如果你是像我一样的数学“学渣”，就要先放下对数学的负面情绪，不要抗拒，更不要焦虑，找到正确的引导方法，孩子的数学自然不会差。

## 逻辑思维训练，就藏在生活小细节里

逻辑思维有多重要？先看看在我身边发生的一件有趣的事吧。

之前我觉得快递员的工作每个人都能做，但如今我不这么看了。

我发现，不同公司的快递员们打电话的方式是不一样的。有一家的快递小哥会说："您好，请来某地拿一下您的快递。"要是有一件以上，他会加一句："一共有多少多少件。"有时东西比较重，他也会提醒一下我。另一家的快递小哥却不是这样的，如果我有好几个快递，他会一个一个打电话，于是我得上上下下跑好几趟。后来我忍不住了，提了一回意见，这才有了进步。还有一家的快递员更是"可爱"。上次我去拿快递，等了半小时，他在大冬天找得满头大汗，最后愣是没找到，我只好说："你慢慢找吧，什么时候找到了，我再下来取。"

再仔细观察就会发现，第一家的小哥不但电话打得很利索，而且快递摆放得也很有门道，小件的东西都装在袋子里，大件的，哪个小区的放在哪个位置是固定的，找起来很方便。

举这个例子只是想说明：如果逻辑思维不好，那些看似门槛很低的事情，也会做不好。

发展心理学中，将幼儿思维的发展分为以下几个阶段：

0~3 岁，直观动作思维主导，孩子的思维活动往往是在实际操作中，借助触摸、摆弄物体而产生和进行的，看不到物品或者活动一停止，他们的思维很有可能就跟着停下来。

3~7 岁，具体形象思维为主导，它主要是凭借事物的具体形象或表象来进行的，而不是凭借对事物的理解，即不是凭借概念、判断、推理来进行的。其特点有两个：第一是具有具体形象性，即离开具体形象事物就不能进行思维活动；第二是开始认识事物的属性，即通过对物体的感知，逐步认识事物的属性，区别事物之间不同的特点。这种思维还不能真正揭示事物的本质特征。

7 岁以上，逻辑思维开始萌芽，孩子将以概念、判断、推理等形式来认识事物的本质特性和内在联系。

虽然孩子在六七岁之前的思维称不上真正的逻辑思维，但这个阶段，孩子的思维发展是特别迅速的。

比如四五岁的时候，孩子问问题的方式会从“是什么”变成“为什么”，这说明他已经开始渴望理解事物的本质规律了。

再比如，涵涵 4 岁多的时候，通过观察加湿器的工作方式和汽车喷出的尾气得出一个结论：“妈妈，水可以变成气，油也可以变成气。”涵涵的这种行为严格区分起来属于前概念的推理，并不属于逻辑推理，但它证明，4 岁的涵涵已经在为逻辑思维的发展做准备了。

7 岁以前是培养孩子逻辑思维的关键时期，为了让孩子更好地发展，我们平时可以用哪些方式引导孩子呢？

## 01　注意说话时的因果关系

因为涵涵喜欢问为什么，我平时说话也喜欢用连词。“因为、所以”“虽然、但是”“首先、其次、后来”……一开始她也跟着我用这些连词，但常常用不对，我也没取笑她，只是把正确的表达方式耐心地说出来。现在，涵涵说话时连词已经用得很顺了。

儿童心理学的研究表明，词汇是促进思维发展的工具。

养育孩子，你会发现真是这样的。“因为、所以”本身就是一种推理，“首先、后来”描述的则是事物发展的顺序，如果孩子能顺畅使用这些词，也就意味着顺畅理解了这些词的意思。

我和涵涵走在路上，常常会以她问的某个问题展开比较深入的讨论。讨论的结果是，我常常发现，她不仅理解了这个问题，还会举一反三，用其他已知的问题去解释新学到的知识。

所以，别小看跟孩子说话这件事儿，它真的能够锻炼孩子的思维。没事就跟孩子说一说话、聊一聊天，用大人丰富的词汇去促进他们思维的发育，别老是翻来覆去干巴巴地说：“吃了吗？”“开心吗？”

## 02　做事的先后顺序

在跟涵涵一起做事时，我会跟她讲一讲为什么要先这样、后那样。

比如一天下雨，我给她往袋子里装雨衣和雨鞋时，就一边装一边说：“因为先穿雨鞋再穿雨衣才方便，所以我们整理的时候要把雨衣放下面，把雨鞋放上面。”

再比如，做饭的时候我会对涵涵说：“妈妈先把粥煮上再洗菜，这样炒完了菜，粥也就煮好了。”

统筹方法真的很管用，不但生活中用了会事半功倍，工作上也能提高效率。没事的时候多和孩子说一说，你会发现，孩子很快就有了统筹规划的意识。从小培养孩子做事的条理性，他会在以后的学习和工作中获益匪浅。

## 03　游戏的作用

孩子的很多能力都是在游戏中发展起来的，所以幼儿的主要任务就是吃、喝、睡以及玩。

从一按某个按钮，玩具就会发出相应的声音，到照着拼图按顺序完成积木的搭建，这些游戏都能促进孩子思维的发展。

对孩子思维的锻炼还渗透在生活的点点滴滴之中。孩子跟着你在厨房中择菜时，可以告诉他，这是芹菜、这是白菜，它们都是蔬菜，这是在教孩子分类；跟孩子一起收拾玩具时，让他把积木放在一起，把绘画工具收在一起，这也是在教他分类。

如果没有在生活点点滴滴的小事中启发孩子思维的习惯，还有一些专门的游戏可以训练，比如简单的分类、找规律、排序、推理，它们不但可以提高孩子的专注力，还能促进孩子思维的发展。

很多科学研究都表明，智商是可以培养的，特别是思维能力，如果能在孩子思维快速发展阶段加以正确的引导，那他会发展得更好。

## 聊天让孩子更聪明

人类发展学家贝蒂·哈特与托德·雷斯利博士曾做过一个非常著名的研究。

研究人员将42个正常家庭按社会与经济水平的不同分为3组，分别是福利家庭、工薪家庭、专业人员家庭。从孩子7个月开始，研究人员每一个月分别拜访这些家庭一次，每次1小时，而在每次的拜访中，研究人员都会把在孩子面前发生的所有对话用录音机录下来，并对孩子的行为做书面记录。

这项研究持续了两年半。等到孩子们4岁的时候，研究人员将收集到的信息整理后发现：专业人员家庭的孩子这些年会听到4500万个词，工薪家庭的孩子会听到2600万个词，福利家庭的孩子只听到1300万个词。42个孩子在同一天上幼儿园，但在那时，他们听到的词汇量的差距最大已有3200万。

听到的词汇量直接影响了孩子掌握的词汇量。当这些孩子3岁时，专业人员家庭的孩子已掌握1100个单词，而福利家庭孩子掌握的词汇只有525个。还有另一组数据对比：到研究结束时，这两组孩子的智商分别是 117 和 79。

可以这样说，不同的词汇量构造了不同的大脑。孩子表现各异，就是因为他们词汇量的差距导致的认知和行为的差距。

想让孩子有优势，提高词汇量必不可少。那么，要怎样提高孩子的词汇量呢？

## 01　多跟孩子说话

词汇是在交流中产生的。

孩子在妈妈肚子里的时候，就能分辨出妈妈的声音了，出生后，他更渴望跟妈妈面对面的交流。孩子还不会说话，“交流”的重任就要放在爸爸妈妈身上了。

我们给孩子穿衣服的时候，可以跟他说：“伸胳膊、穿袖子、穿上上衣扣扣子。”早上孩子起床后，可以用轻柔的声音对他说：“小宝宝，起得早，睁开眼，眯眯笑，咿呀呀，学说话，伸伸手，要抱抱。”外出时，我们可以当孩子的导游，看见什么说什么。

为什么要这样？因为孩子听到的词汇越多，大脑受到的刺激就越多，他的认知就越丰富，以后就越聪明。我当时就是对着涵涵整天念叨，结果她 8 个月的时候就会叫我们家里的人了，1 岁 8 个月的时候就会背我之前对她讲过的那些童谣了。

要注意的是，语言是在交流中产生的，和孩子你来我往的对话才是儿童大脑发育和语言能力发展的关键，所以绝对不能简单地把孩子丢给手机、早教机去教育。即便是再昂贵的早教机器人、再专业的音频故事，都无法成为孩子的同伴，它们不具有社会属性。

要记住，除了爱和积极关注，我们可以给孩子的最不昂贵的东西——有温度的、有互动性的语言，将变成他们最宝贵的财富。

## 02 亲子共读

无论是成人之间，还是成人跟孩子之间，日常对话所需的词汇也就 5000 个，最常用的更是只有 1000 多个。然而，掌握这些词就够了吗?

孩子语文成绩的差别正是在这 5000 个常用词之外，而他们思维能力的差别也取决于词汇能力和阅读理解能力。总而言之，孩子的词汇量当然越大越好。

那么，日常对话之外的词汇从哪里获得呢？从阅读中。

孩子 2 岁之前，家长可以给孩子读绘本。

常有些爸爸妈妈来问我，说自己不懂得该怎么给孩子讲没几个字的绘本。其实，读绘本的目的是要以绘本为媒介对孩子说话，所以看到什么说什么就好。

比如，一本低幼的绘本，你完全可以直接把上面的文字读出来，即便是看似很简单的句子，其实也包含了我们日常跟孩子交流时不会用到的词语，而且在读的时候可以加上表情、动作，进行表演。

比如“扑棱扑棱”这个词，我们平时在亲子对话中肯定很少用到，如果在讲绘本的时候可以一边讲一边做出蝴蝶扇动翅膀、扑棱扑棱的动作，这就是可理解性的输入了——孩子不但认识了这个词，还明白了它的意思。

再比如“油亮亮的绿树叶”，平时也不常说吧？如果天气好的时候，带孩子出去，让他切身感受一下油亮亮的树叶，再看看真正的蝴蝶扑棱扑棱地扇动翅膀，那又是不一样的刺激了。

受到的刺激越多，孩子大脑中神经元之间的连接就越多，就越能促进大脑发育。这就是为什么再昂贵的早教机构，都替代不了父母陪伴和亲子阅读的力量。

## 03　把说话的主动权交给孩子

孩子像个话匣子，有时候他们还特别喜欢给爸爸妈妈展现自己的小杰作。这个时候，如果你不是有非忙不可的事儿，最好能听孩子说完。这不仅能够锻炼孩子的表达力，还能促进孩子的表达欲，等他表达完了，还能进一步进行亲子交流。

上心理学课程时，我们院长教了我一招。他说，你以后有了孩子，可以启发他多说，秘诀就是不停地问“还有呢”，直到孩子回答“没有了”。

我现在就经常用这三个字启发涵涵多说话，孩子的逻辑思维跟表达力越来越好，因为语言要说出来肯定得经过组织，想让别人听明白，肯定要讲究说话的逻辑。用进废退，孩子多表达，实际上就是在锻炼思维。

有些大人喜欢掌握主动，让孩子听自己说，但对孩子成长更有益的方式是互动性的交流，是亲子阅读中孩子的主动表达。

耐心一点，让孩子多表达吧。

## 边玩游戏边识字，孩子乐在其中

常有妈妈来问，我家孩子几岁了，我到底要不要教孩子识字?

肯定要啊!

我不提倡过早地逼着孩子认字，但是如果孩子主动想认字，为什么不能教?当孩子走在路上问:“妈妈，这个是什么字?”我们可不能打断他的学习热情。

另外，教孩子识字的方式也很重要。我一直觉得，在阅读中识字是最有效的，虽然看似识记的进度比较慢，但因为有具体的语境，孩子是在理解的基础上去记忆的，所以学一个是一个，还能学以致用。

当然，阅读识字并不是唯一的方法，前面说的走在路上看路标、认识店铺招牌都是不错的办法。

还有用识字卡玩游戏识字。我的读者群里一个在国外生活的妈妈说，她的孩子没有中文语言环境，只能自己教孩子认字。在这种情况下，她完全可以和孩子玩识字游戏。而对于国内的父母来说，识字游戏对孩子也是不错的补充和锻炼。

那天，涵涵又拉着我跟她一起玩芭比娃娃，可我实在不想玩，她就说："那我们一起玩识字卡的游戏吧。"

涵涵拿出一摞识字卡，我们俩也没有事先说什么游戏规则，只是随便玩，这一玩就玩了很久。

在这里，我就详细讲讲我们的游戏过程。

## 01　组词

涵涵拿起一张卡片，问："妈妈，这是什么字？"

我说："由，由于的由。"

涵涵说："我要吃鱿鱼。"

我哈哈大笑："不是吃的鱿鱼，是'由于你表现好，老师选你当班长'，这个由于。"

于是，涵涵就学会了这种表达方式。

## 02　看词造句

"马"和"上"涵涵都认识，所以她就把这两张卡片拿起来，说："马上！"之后，她还造了个句子："我马上就来。"

我在旁边拓展了一下，用了"马上"的另一重意思："过去骑在马上打天下，现在怎能在马上治天下？"

又说："红粉青娥映楚云，桃花马上石榴裙。桃花马是古代的一种名马。"

涵涵听到"桃花马"，挺感兴趣，就问："那是什么？就像千里马？"

我说："桃花马是马的一个种类，就像波斯猫是猫的一个品种，和千里马还不太一样，千里马是说马跑得快、跑得远，现在大家都用这个词比喻有才能的人。"

## 03　我说你猜

游戏来到这个阶段，一般都是涵涵说、我猜，因为她最喜欢给别人出谜语题。

"妈妈，像手不是手是什么？"

"脚？"

"哈哈，是毛。"

"妈妈，我的毛笔变弯了是什么？"

"弯？"

"哈哈，是手。"

我好不容易理解了涵涵描述的是字形，她又开始变换了套路。好在，只要我积极配合，不管能不能猜对，她都会玩得很开心。

## 04　组字游戏

桌游里一般都会送计时沙漏，把沙漏放一边，随机抽出一张卡片，谁在规定的时间里用卡片上的字组的词多，谁就获胜。

## 05　分类游戏

把识字卡片按某个标准分类：按动植物分类，按会不会游泳分类……想怎么分就怎么分，只要能说出通顺的分类逻辑就行。

这个游戏还能培养孩子多角度看问题的能力。

## 06　汉字魔法

这个游戏旨在帮助孩子区分形近字。

涵涵认识了“由”这个字后，就会说：“妈妈，倒过来我就认识它了，是个甲。”

她看到了“受”，把它念成“爱”，于是我把这两个字找出来放在一起，引导着问：“这两个字的相同点和不同点是什么呢？”

涵涵看出是“又”和“友”不同后，我就假装施个魔法，念句咒语，把“受”字变成了“爱”，把卡片递到涵涵手里，然后造句说：“虽然我有时受不了你，但我依然非常非常爱你。”

你看，快乐跟学知识并不冲突吧？谁说识字卡只能一张一张拿出来辨认，那样多没意思呀！我们完全可以边玩边学，孩子在轻松的状态下反而会收获更多。你越逼着他，他越不想学，也越学不好，到最后大人和孩子都不开心，多不划算！

# 第三章

# “双减”时代，小学前三年很重要

# 做好准备，陪孩子顺利走过小学的前三年

## 小学前三年最重要的 8 件事

### 01 关于读题

一个朋友说，他们开家长会的时候，老师说很多孩子到了四、五年级成绩下滑，很重要的一个原因是读不懂题目，所以要在一开始养成好的读题习惯。

最初，孩子不识字，大人帮忙读题干，这时候只要读出题目即可，不要再“尽心尽力”地告诉孩子题目的意思是什么、具体要怎么做，而是要让孩子自己去思考、去理解。不然，形成依赖后，孩子到四、五年级需要自己独立理解题干了，就会出现虽然识字，却不理解题目要求的情况。换句话说，要是没有养成独立理解题目

意思的习惯，越往后问题越多，越难以弥补。

## 02　关于大语文

现在小学统一用部编教材，孩子们从汉字开始学起，首先要学“天”“地”“人”“耳”“火”这种简单的字。

很多家长都是让孩子在老师的要求之外多写几遍汉字，帮助他们记忆，但我觉得，其实可以让写和学的过程变得更有意思。

比如，学到“天”“地”“人”，我们可以给孩子讲讲盘古开天辟地、女娲造人的故事；学到“耳”，可以讲讲掩耳盗铃的故事；学到“火”，可以讲讲燧人氏钻木取火，以及希腊神话中给人类带来火种的普罗米修斯。

6 岁左右的孩子本来就对神话传说非常感兴趣，通过这些故事让孩子正在学习的汉字鲜活起来，孩子学习的兴致就会变高，写的字也有意义。

最重要的是，这样做能够扩展孩子的思维，让他们养成爱思考的习惯。同时也能结合相对应的书，帮助孩子完成大语文的一个积累，不用到了高年级时方恨读书少。

除了这两点，学龄前孩子还需要做好哪些准备呢？

## 03　专注力

在开学的家长会上，老师说，有些孩子上课坐不住，专注力不够好。

小学一、二年级的学习内容比较简单和基础，学习起来并不困难，可等孩子大了，学习难度增加，课堂效率再不高，学习习惯再不好，弊端就会逐步显露，学习越来越吃力，越吃力就越不爱学，如此形成恶性循环。

所以，学龄前孩子的专注力一定要培养好。

这一点在本书前面的章节中详细说过，最关键的就是不要打扰孩子。

从涵涵小时候到现在，每次她自己玩的时候我都不干扰，除非她自己提出需求。而且中午她放学回来，我们还会玩一些有助于提高专注力、记忆力的游戏，玩起来时间过得很快，30 分钟一晃而过，但很有效果。

## 04　倾听能力

上小学后，老师会让孩子们记一些事情，特别是作业。虽然老师前期除了要求小朋友自己记录之外还会发在家长群里，但具体的要求，在课堂上是早早讲好的。

倾听能力强的孩子，课堂上能够很好地配合老师，课后写作业的时候也是拿出本子就知道如何操作。

所以，我们在幼儿园时期就要培养孩子的倾听能力。老师要求明天穿园服，或者明天要带什么东西做手工，这些在群里看到的消息，最好能够再问问孩子：“老师明天让带什么来着？”而不是不吭声直接帮孩子准备好。

另外，在家里跟孩子沟通的时候，也可以用这种“孩子无意识，家长有意识”的原则来培养孩子的倾听能力，在细节处锻炼孩子。

## 05　语言表达

上小学后，老师会先慢慢地引入看图说话的题目，然后才是让孩子写作文。

针对这一点，其实在学龄前就可以给孩子打基础，比如跟孩子一起复述故事，或者让孩子自己复述故事。

具体怎么引导，在本书前面的章节里也详细讲过。

最近我跟涵涵交流时，开始有意识地对她进行写作训练。当然，是口头写作。

比如，周末的一天，我们俩都在断断续续地玩一个游戏：如果以“我的妈妈”为题，可以怎么写作文？我犯了个错误，于是就开玩笑说：“涵涵，若是老师以后让你写作文，是关于妈妈的，你就可以写‘我的迷糊妈妈’。”然后我列举了几个事件来说明“妈妈迷糊”这件事，最后还做了个总结。

这样引导几次，孩子就不会在以后写作文时不知如何下笔、找不到素材，或者写的时候没有条理了。

## 06　归纳整理自己物品的习惯

让孩子做简单家务的好处在朋友圈里早就刷屏了，我就来说说让孩子归纳整理物品的好处。

很多孩子上小学后，会在考试时因为马虎丢分。出现这个问题，有的是因为知识点掌握得不牢固，有的则真的是因为不细心。

细心这件事不是一蹴而就的，需要慢慢锻炼。锻炼的方法有很多，其中一个就是让孩子从小养成东西用完归位，收拾自己物品的习惯。上学后，可以让孩子自己整理书包，整理第二天要用、要带的东西，这样不仅可以培养孩子细心的性格，还能更有责任心。

## 07　时间管理

一次周末，涵涵把作业拖到了周日才做，周日下午本来还可以出去玩的，结果她只能在家写作业。有了这次教训，后来每次周五一放学，涵涵就会早早把作业写完，这样周六和周日就可以痛痛快快地玩耍了。

上小学的前一天晚上，我们在开家庭会议的时候就讨论好了写作业的时间，以及家里人各自的分工。但是在时间管理方面，孩子还是会偶尔任性，这时候让他们承担自然结果就好。

经验教训可以很好地帮孩子去规范行为。无须逼迫，孩子自己就可以慢慢学会管理时间。

## 08　每天写点“作业”，可以不写，但写时必须认真

涵涵一直喜欢做数学游戏题，还有思维训练题。小时候她每次要做一整本，长大后可玩的东西多了，就不那么痴迷了，但每天还是能玩 30 分钟左右。上小学后，涵涵在写作业方面一点都不用我们发愁，因为她已经养成习惯了。

除了做题，也可以用画线、画图的方式锻炼运笔和控笔能力，对学写字也非常有帮助。

一次写作业时铅笔字擦不干净，涵涵试图拿白色水彩笔掩盖，结果那个字所在的位置跟别的地方明显不一样。涵涵看了，觉得影响了整张页面的整洁，就要撕掉重新写。

涵涵爸爸不同意，说这是浪费时间。我过去一看，确实影响页面整洁，同意重写。涵涵就非常乐意地又写了一遍。

我就对爸爸说："这是一个多么好的习惯呀！孩子这么认真，我们应该鼓励。"

"认真"是一种非常重要的品质。打一开始做思维游戏题时，我就告诉涵涵，可以不做题出去玩，但如果决定要做，就一定要认真对待。

## 小学前三年的重点是培养习惯

小事、小习惯拉开大差距。

涵涵上小学采取的是就近原则。她的学校就在我家隔壁，虽然因为墙上没门要绕一大圈，但走路也就十来分钟。

许多家长期望让孩子上好的小学，因为这样的学校管理严、老师操心多、学习氛围更浓厚，但实际上，上什么样的小学对这个阶段的孩子来讲不是最重要的，因为小学主要还是靠家长。

在孩子习惯建立的最初阶段，家长的作用非常关键，而且是谁都替代不了的。

就拿阅读打卡这件事来说吧。

涵涵的老师要求在作业中写上书名，标注好今天读了几页，并让孩子说一说读完的感受。老师已经做得相当细致了，按理说，这是好事，但并不是每位家长都能带着孩子执行到位。

翻一下班里同学的情况就会发现，有的家长能让孩子坚持每天都读，并且是实实在在、认认真真地读；而有些就是应付了，比如拍张语文书的照片，什么也不写就传到群里，或者只拍一张孩子看书的照片，也不写孩子到底读了几页，更过分的是有些家长什么都不发，那孩子应该压根儿没读。

这次打卡老师设置了70多天，越往后参与的人越少，越往后认真的人越少。

阅读的重要性无须我再多言，大家都很清楚。这样一件需要日积月累的事情，在老师的引领下都有人要么不做、要么应付，如果是让大家自觉去做，是不是效果会更差？

网络上经常能看到“学霸”们分享的经验，大多数都是老方法：认真听课、认真完成作业、建立错题本等。

其实方法不是最重要的，难的是日复一日的坚持，以及到位的执行。

“坚持”二字首先就甩下了一部分人，执行到位又拉开了“学霸”和普通人之间的差距。

所谓执行到位，无非就是及时整理错题，然而与此同时，“学霸”归纳了、总结了、思考了，而普通学生或许只是把错题抄在了错题本上。

说实话，涵涵不是一个“别人家的孩子”。真的有那种不需要家长监督就能把自己的学习安排得很好的孩子，而我家这个比较贪玩，总想着“我上了一天学累了，我要多玩一会儿”，或者“我做完学校的作业就行了，不做妈妈布置的”。

我也曾羡慕过别人家的孩子，可是当我看了那些高考状元的经验分享，咨询了“学霸”的家长之后，我发现，人家的孩子好，大多数都是父母认真陪伴的结果。

换句话说，拼孩子的背后其实是在拼爹妈。

出问题的时候，不要光想着责怪孩子，也要想想自己做得到不到位；在拿自己孩子跟别人家的孩子比较的时候，也要看看别人家的家长都做了什么，而自己还有哪些差距。

比如我，看到“学霸”们也挺贪玩，只是人家的家长引导得好，我对涵涵的火气就会少一些。再想想自己像涵涵这么大的时候都在想什么，就更没啥脾气了。

我曾经纠结过，涵涵为什么就不能认认真真写字，像有的同学一样，不管写什么都一笔一画，哪怕老师不检查，也为自己负责。我做事是这么严谨的一个人，她爸爸做事也相当认真，为啥我的孩子就这样呢？

后来我想到了小学二年级时候的自己，那时为了放学铃声响起后能立马背着书包走人，我不是也潦草地应付过老师的默写作业吗？为什么要拿 8 岁的孩子跟现在 35 岁的已经成熟的我去比较呢？然后再想想孩子好的一面，我就更有了耐心。

我潦草应付老师留的默写作业，而涵涵的生字本却写得很认真。我的孩子比小时候的我强，我没资格跟人家发脾气。

放平心态，耐心陪伴，在孩子小时候越上心，孩子长大后才会越省心。

不知道这篇文章会不会显得说教意味很浓，但这确实是我的心里话。而且我写出来也有自勉的意思：我希望自己先能成为一个好家长，然后再去做孩子的引路人。

## 陪孩子写作业有技巧

关于“孩子写作业要不要陪着”这个问题，我觉得不必要。反正我写文章的时候，如果有人站在旁边看，我会不舒服，如果再时不时说“这个词用得不恰当”“写错啦，这里应该用逗号”，我绝对要发脾气。

后来我请教了一位资深的小学老师，她的答案同样是不必要。

可陪可不陪，这就要家长根据孩子的情况来选择了。不过，陪或不陪并不是关键，关键是怎么陪。

仅仅陪着，陪不出专注力，只能陪出火气，而我们的目的其实是要陪出好习惯。

孩子刚上小学，很多事儿都是熟悉又陌生的，很多好习惯都要在前两个月建立起来，若是家长不陪着，信奉做作业是孩子自己的事儿，或是陪错了，让孩子的习惯更不好，那么后面再去纠正，将会很难。

## 01　只陪伴，不打扰

有的孩子专注力不够，那么家长是需要陪着的。不过如果要陪，请坚持一个原则：只陪伴，不打扰。

做作业是孩子的事儿，所以在小朋友做作业的时候，我们不要在旁边“指手画脚”：“错啦，拼音的一声要写平。”“那一横写得太长啦！”“呀，不要用力擦，把本子擦烂啦。”等等。在这种状态下，孩子能静下心来写作业才怪呢！

若是没有上过写字班，刚上小学，孩子在写字的时候肯定存在不规范的问题，家长要允许孩子犯错。

在涵涵写作业的时候，我一般不吭声，都是等她写完了，在签字时才指出那些不规范的地方，然后跟她一起看课本上的笔画顺序，让涵涵自己先观察，发现哪里不规范，应该怎么写，实在看不出时再稍作提示。

这时，孩子也许会有畏难情绪，不愿意改，觉得我就是写不好这个字，陪伴的意义就在这里了。我会鼓励她：“来，涵涵，我们连续写 4 遍，然后你再看看，是不是越写越好了呢？”

另外，还有一个相似的情况：做题时看答案。其实，这也是一种对思维的打扰，孩子独立思考的能力很容易被影响。

我高中的时候在文科上花力气最少，但文科的成绩反而大多数都是第一名；而我在数学上花了三年的时间狠狠下功夫，一吃完饭就去教室做题，结果却仍不尽如人意。

多年后我当了妈妈，在刷分享孩子学习经验的帖子时无意中看到一位老师的说法：有些孩子不愿意暴露自己的问题，很少去问老师问题，遇见不会的题就看答案，结果无意识地把答案“背会”了，就以为自己会做那道题了，实际上仍旧不清楚，考试的时候稍微变化一下条件，就又不会了。所以，常常看似花了不少力气，成绩却提高不了多少。

哎呀，这说的不就是我吗？如果当时我能看到这段话，那该多好呀！

所以现在，每当涵涵问：“妈妈，我能不能看看答案是怎么做的？”我都说不行。

小学一、二年级的数学都挺简单，作业中根本不存在什么“拦路虎”，孩子被难住，大多数是因为不太理解题目要求或做法。

比如下面这道题：

**小丁家、书店和外婆家在同一条笔直的街上，小丁家距离书店677米，外婆家距离书店268米，小丁家到外婆家的距离有多远？**

涵涵念完题目就表示：“小丁家、书店和外婆家这三者的顺序究竟是怎样的呢？题目没写明白呀，我能不能看看答案？”

我说：“你想到了几种顺序？都写出来。”

因为没有看标准答案，所以涵涵写完之后我就发现了问题，第一是步骤不太完整，第二是图画得不够精确。当然，字迹也不太工整，不过这就是细节问题了。

如果涵涵看了答案，照着答案去写，这些问题很可能就被掩盖了，而且会延续到以后。长此以往，她就会变成一个看似平时学得很好，一考试就“发挥失常”的孩子。

只看答案，孩子不一定能学到知识点，却一定会懒于思考，而通过自主思考领悟出来的能力，绝对比看答案得到的“短时记忆”更深刻。

## 02 陪出良好习惯

对比朋友家孩子小学一年级的作业，涵涵学校的作业留得不算少，但我们从未有过写到 11 点多的时候，都是半小时左右就能完成，一般晚上 10 点之前都能躺到床上。我们会先给她讲故事，故事讲完，熄了灯，5 分钟之内涵涵就睡着了。

身边写作业用时很长的小朋友，一般都是写作业时不专注，拖拖拉拉。所以，我们要注意在小学之初陪着孩子养成一个习惯：在规定好的时间写作业，在一定的时间段内完成作业。

关于这一点，我同样在前面的文章里讲过，这涉及时间管理的问题，大家可以回头查看。

有的家长不重视，觉得盯着孩子写就行了，孩子就能专注，这是大错特错。

想靠陪伴来监督，企图让孩子专心，不要一会儿上厕所、一会儿喝水，这也许可以达成，然而你能压制孩子的行为，但压制不住孩子在小脑袋里展开的想象啊！人被监督着坐在书桌前，脑子没放在写作业这件事儿上，最后还是没办法高效率地完成作业。

所以，专注力真的很重要，而这种能力，最好在学前就有针对性地去培养。

## 03　陪着总结经验

如果你的孩子刚上小学，你会发现，有时孩子不是某一个知识点不会，而是不明白做题的规则，或者说题目的意图。

比如这道题：

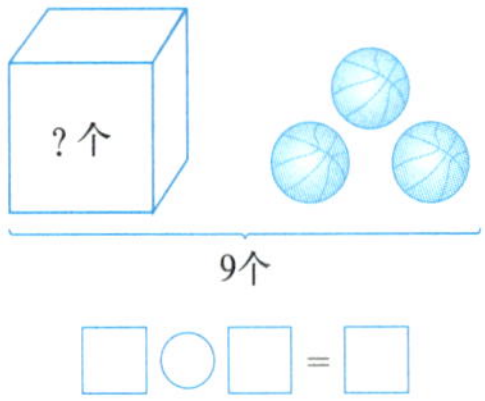


涵涵一开始做错了，答的是“6+3=9”，后来改对了，是“9-3=6”。

这肯定不能算结束，还要让孩子知道这次错在了哪里，因为什么出错。明白了这个道理之后，以后再遇见这类问题她就不会再犯。

一开始我告诉涵涵，得数那里要写“？”代表的数字，因为题目中这个数字是未知的。

这个说法是对的，但不是最适合孩子的。因为接下来涵涵说：“对啦，我们倪老师说过，最后要写的是藏起来的那个数字。”

不愧是有多年教龄的老师，这样的说法有童趣、易记忆。

我们大人能够从错题中总结出孩子注意不到的问题，通过陪他们改正错题，找出原因，以后同类的题就不用操心了。

可见，陪着总结经验教训，陪着改错是非常关键的。

## 04 陪着拓展

现在的小学语文课本上都要求孩子跟家长一起读，在课后的阅读里还有经典诵读之类的题目。

举一个我陪着涵涵做阅读拓展的例子。

读完“四海无闲田，农夫犹饿死”时，我问涵涵：“为什么说‘农夫犹饿死’呢？”

涵涵说：“因为麦子成熟要 100 多天呢！”

不太对，于是我给她讲了古时候农民的生活：封建专制统治下，农田都不属于种田的农民，而是地主的，农民种的粮食很大一部分要上交，只能留下很少的一部分供自己生活，所以在青黄不接的时候，或者收成不好的年份，饿死人的现象就发生了。

这时，若是孩子兴致高，我们还可以继续科普现代农业的运转方式。

再举一个背诗词加拓展的例子：

### 忆江南

【唐】白居易

江南好，风景旧曾谙。

日出江花红胜火，春来江水绿如蓝。

能不忆江南？

这是小学一年级语文练习册上册里的一首词，我先跟涵涵一起读了一遍，然后引导着解释了意思。

涵涵背过之后，我提了一个问题：“作者描写江南风景的句子是哪句？”

简单的阅读理解，能够让孩子更好地掌握这首词。

## 05 陪出氛围

杨绛先生提起对女儿钱瑗的教育时说道：“我们对女儿钱瑗，也从不训示。她见我和钟书嗜读，也猴儿学人，照模照样拿本书来读，居然渐渐入道。”

在涵涵写作业时，我会去忙着洗衣服，等她写完了检查，没衣服可洗的时候，我就拿一本书坐在她旁边看。我发现，每每此时，我们俩的效率都很高。

总之，如果家长要陪着写作业，就要做到陪伴不打扰，除非孩子有需求。但诸如改错、拓展、建立好习惯这些环节，则是一点都不能少，是一定要做的。

# 大语文时代，不要忽视了孩子的语文思维

## 不要错过语文启蒙关键期

有位资深教师说过：“语文是拉开‘学霸’与‘学霸’之间差距的利器，数学是拉开‘学霸’与‘学渣’之间差距的科目，英语是拉开‘学渣’与‘学渣’之间差距的科目。”

这话放到孩子们这一代还真对。大多数孩子早早就开始了英语启蒙，而且英语也不难学，拉不开大的差距，而对于“学霸”们来说，学好数学也不成问题，那么最终，高手之间的差距就要靠日积月累的语文来拉开了。

语言是个积累的过程，如果说让我单靠一篇文字就呈现出全过程，显然不现实。所以，我就只是浅谈一下。

当了妈妈之后，我觉着自己比之前更有文化了，不仅数学水平因为陪着涵涵刷思维游戏题提高了不少，在语文、英语乃至百科方面都涨了不少知识。

实践下来我发现：其实所有科目中，语文是最容易学，但也是最博大精深的、最不易学精的。

在英语当中，不同的“爪子”有不同的表达，带指甲的、不带指甲的，都有相对应的单词，它是精准的，记住就好。但中文中的“爪”除了其本身的意思之外，还有延伸的含义，比如“爪牙”。这些引申的、暗含的意义，单单靠记忆是肯定不够的，还要结合语境去理解，这就需要孩子在平时的阅读和生活中去积累。

## 01 童谣开启语言启蒙的大门

在给涵涵做语文启蒙的最初，我是通过童谣来进行的。

我五音不全，所以哄涵涵睡觉的时候，都是一边拍着她一边念诗或者童谣。没想到等她 1 岁 8 个月的时候，我念过的那些诗和童谣，她竟然都熟练掌握了。

0~6 岁是儿童大脑发育的黄金时期，童谣是语言和声韵的结合，拥有短小精练的篇幅、朗朗上口的歌词、轻松活泼的韵律，它不仅能帮助孩子培养语感，体会词汇的语音规律，更能激发孩子对语言的兴趣，在潜移默化中为孩子打开语言启蒙的大门。

不仅如此，有些童谣背后可能蕴含的是一个神话故事，有些则是关于节气时令的常识，它们能丰富孩子的知识面，或教会孩子一些生活道理。

所以，口口相传流传至今的童谣，完全可以作为给孩子语文启蒙的素材。

## 02 生活中的积累与学习

在我看来，浸润是学习语言最有效果的方式，应该随时随地，想学就学。

有一次，我跟涵涵出去吃饭，在等待的时候她说：“妈妈，我们玩个游戏吧！你能想到多少AABB式的词？快快乐乐、和和美美、红红绿绿。”

我赶紧说：“仔仔细细、清清楚楚、明明白白。”

这个游戏我们断断续续玩了一天，想到了就赶紧说，直到晚上涵涵爸爸回来还在继续。我想着，爸爸肯定也能说出我和涵涵都没说到的，便邀请他加入游戏。果然，爸爸又说出一些。

不只词汇、成语可以通过玩游戏积累，诗词、文章也是可以的。

带着孩子去看荷花，自然会想到朱自清的《荷塘月色》，其中关于荷的描写，怎么那么契合此情此景呢?!

曲曲折折的荷塘上面，弥望的是田田的叶子。叶子出水很高，像亭亭的舞女的裙。层层的叶子中间，零星地点缀着些白花，有袅娜地开着的，有羞涩地打着朵儿的；正如一粒粒的明珠，又如碧天里的星星，又如刚出浴的美人。

恰逢涵涵刚读过《江南》，听见“田田”二字，她就想起了这首诗：

江南可采莲，莲叶何田田。
鱼戏莲叶间。
鱼戏莲叶东，鱼戏莲叶西，
鱼戏莲叶南，鱼戏莲叶北。

而我自然不会放过这个机会，根据“亭亭的舞女的裙”这个比喻，又引出了王昌龄的《采莲曲》：

荷叶罗裙一色裁，芙蓉向脸两边开。
乱入池中看不见，闻歌始觉有人来。

这样的积累，肯定比看书来得更深刻。

## 03　写也可以说着来

我们常说“听说读写”，在孩子小时候，写也可以说着来。

上次我问涵涵爸：“你说我练3个月的车，能瘦下来吗？”

爸爸说：“让你练车呢，又不是推车。”

涵涵听见了，就会组词说：“练车、推车、拉车。”

这是因为我常跟她玩字词用法的游戏。

比如，拿笔写字、握笔写字、提笔忘字、捏笔写字，这些都可以边说边做动作，让孩子明白用词准确的好处。这样训练，会给孩子以后写作文打下基础。

再比如，一个晴朗的早晨、一个春暖花开的早晨等，这种玩法也是可以的。

语文启蒙的最终目的是运用，而不仅仅是背诵和记住，只有会用了，才能把别人的语言变成自己的语言。

## 04 书面语的重要性

有人说，给孩子讲绘本故事时可以把书里的语言转化成自己的语言，口语化地表达出来。

我觉得完全没这个必要。我们转换出来的语言没有作者的高明，为什么不让孩子跟着更厉害的师父学习呢？既然买回了名家名作，为什么又要费劲用自己的语言讲给孩子，岂非暴殄天物？

孩子在3岁之前，常见口语就已经掌握得差不多了，6岁左右，口语交流完全无障碍。口语在日常生活中就能够积累，而书面语的积累却是一个长期的过程，所以，看书时还是让孩子学习书面语吧。

## 05 阅读中需要重点学习词汇吗

上面提到了书面语的重要性，那么，需要让孩子在阅读中重点学习某些词汇吗？

个人认为没必要，因为这样做会影响阅读的连贯性和孩子的兴趣。遇到生词，顺带着解释一两句就可以了，不用刻意停下来重点学习。比如，昨天我在跟涵涵阅读的过程中有这样一个句子：

看起来没有什么生气。

这里的“生气”肯定不是涵涵熟悉的意思，不是指情绪上的恼怒，所以我就解释了一下：“这个‘没有生气’是指没有活力，跟生机勃勃是相反的意思。”然后就接着往下念。

以上是我在对涵涵进行语文启蒙时的一些心得体会。

## 复述故事就是锻炼思维

涵涵已经上二年级了，那天我翻看她的语文课本，发现了这样一道课后习题：

**根据表格里的内容，讲一讲这个故事：**

| 起因 | 经过 | 结果 |
|---|---|---|
| 十个太阳炙烤着大地，人类的日子很艰难。 | 羿射下了九个太阳，留下了最后一个。 | 大地上重新现出了勃勃生机。 |

根据流程图复述故事，这不正是我和涵涵共读的时候经常用到的阅读策略嘛！

其实，部编语文 1~6 年级的课本都有复述故事的要求，而且随着年级的增高，难度是逐渐增加的：一、二年级可以借助图片复述故事；三、四年级可以简要地复述故事；五、六年级可以创造性地复述故事。

## 01　为什么注重让孩子复述故事

1. 为了孩子以后做阅读理解题打基础。

小学高年级的阅读理解题里会有这样的要求："请用自己的话说说这个故事的主要内容。""请用简洁的语言概括文章的主要内容。"这些题都是在考查用简洁语言概括故事内容的能力，而让孩子复述故事是一种很好的锻炼，可以为孩子做这样的题打下基础。

而且把目光放长远，仔细想想，就算步入社会，都是需要一定的归纳总结能力的。

2. 为了锻炼孩子的语言表达能力。

复述是对孩子表达能力的锻炼。如果孩子读完一个故事能够复述，他首先要理解故事的内容，然后就是组织语言，表达出来。

3. 为了锻炼孩子的逻辑思维。

表达出来的内容想让别人听懂，不混乱，需要一定的逻辑，说出的话要有条理性。

很多孩子的语言表达是片段式的，想到哪儿就说到哪儿，其实就是因为逻辑思维没有得到系统的训练。

## 02　开动脑筋复述故事的形式各异

在涵涵小时候，我常引导她给我讲故事，也就是复述。

大多数孩子都不愿意复述故事，所以，在亲子共读的时候，读完故事，我们可以给孩子画流程图，或者假装忘记了情节，以请教的方式让小家伙在不知不觉中复述故事。又或者是在读别的书时，通过联系的策略让孩子复述之前读过的故事……

总之，为了让孩子复述故事，我们要动脑筋，既不能破坏孩子看书的兴致，还得依着孩子的心情。

等涵涵可以自主阅读后，我基本让她处于“放羊”的状态，除了偶尔会讨论一下她读的某本书，很少去管她看明白了没、吸收了没。这是我从自己从小读到大的阅读经历中吸取的经验——要是有人跟在屁股后面一直考我，我也会跟他急。

不过，瞅准了机会，我们还是可以引导孩子的。

一次，在涵涵的阅读打卡作业中，老师要求孩子们读完文章都讲一讲自己的心得。咦，机会这不就来了？

我说：“涵涵，老师让说心得噢！”

涵涵简单说了几句。

我又说：“可是别人没读过这个故事，你得先告诉人家这个故事讲的是什么吧？”

这次涵涵给我讲了4分多钟，把故事完完整整说得很明白。

我一听，说得还不错，至少条理清晰，于是说：“宝贝呀，你讲得太好啦！妈妈没想到，你花了4天时间读完这本书，竟然还能把情节记得这么清楚，记忆力可真好！我想把你刚才说的录成视频，记录下来，留个纪念。现在已经10点多了，咱们快速录一下，争取5分钟搞定，你说呢？”

哎呀，她竟然同意了！

其实，我提出录视频，除了想让涵涵多复述，还有一个原因。

涵涵总是不愿意展现自我。你说，现在这个社会，除非是“韦神”那种藏都藏不住的天才，不然一个普通人，要想让别人知道你有没有可取之处，得善于表现自己。

更何况，涵涵不仅不爱表现，还经常不相信自己。比如，班里要给学校准备六一儿童节朗诵节目，老师让涵涵积极准备第二天的选拔，她首先想到的不是荣幸、激动，而是“三页朗诵词呢，我肯定背不下来”。然而现实是，她的记忆力一直挺好。

录视频，让涵涵面对镜头，是对“展现自己”的锻炼。而且如果她以后再气馁，我就可以拿出视频，证明她的勇气和能力。

从这次拍的视频中可以看出，涵涵还有些羞怯和紧张，手动来动去的。不要紧，以后经常锻炼，慢慢她就会变得得体大方。

大家也可以试试这个方法哦！

# 为什么孩子上小学后不喜欢阅读了

对孩子阅读习惯的培养十分重要，而在培养过程中，有几个问题需要格外注意。

## 01　读绘本时要不要多提问，看看孩子有没有听明白

每读完一本图画书都要面对提问，当这变成一种习惯时，孩子会怎么想呢？

听妈妈读图画书对孩子来说本该是一件轻松且快乐的事。打开图画书的封面，从听到“很久很久以前”的那一刻开始，孩子们就渐渐进入了故事的世界，踏上了一段美妙的旅途。即便故事结束，孩子们依然会停留在故事的世界，发挥他们的想象力。在这段时间里，孩子们展开想象的翅膀，在幻想的世界中翱翔，想象力因此更加旺盛。

可是，就在这段宝贵的时间里，大人却要用各种问题无情地骚扰孩子的幻想世界。于是，一想到听完故事爸爸妈妈要提很多问题，孩子便会在听故事的过程中设想可能被问到的各种问题，并为

回答这些问题做准备：“一会儿肯定会问我这个故事哪里有意思，我得记住这个地方。”“这是第三只小猪，这是第七只羊。”诸如此类。

长期如此，孩子会觉得自己的愿望没有得到满足，于是变得厌烦听大人读故事，甚至讨厌图画书。

请问，我们能不能站在孩子的立场上读图画书呢？

不停顿地念下去，这是大人给孩子读图画书时要遵守的一个原则。在大多数场合下，特意提一些问题其实是大人的自我满足。

当然，在不知不觉中与孩子自然地对话，引导孩子复述、思考，这是很有价值的，但一定要注意采用自然的方式。

## 02　要不要指读

关于要不要指读，我的看法是在学龄前没必要，而且如果孩子已经五六岁了，既不习惯，也不喜欢，就更没必要了。换句话说，这不是必须做的事情。

“日本图画书之父”松居直先生是这样说的：

孩子们读的是图画书的插图。

看惯图画书的孩子们，已经掌握了通过看插图来理解故事内容的方法。

孩子们看着每一幅插图，就知道画面所讲的内容。可如果把书里的前后两幅画连接在一起，就会发现两幅画之间其实并不连贯，这时就需要根据画面来发挥想象力，用想象填补不连贯的欠缺部分。这样一幅一幅地看下去，想象下去，故事的情节就被整理出来了。

可以这样总结：插图为孩子们在大脑中构建人物形象提供了机会和线索，而使插图活起来的，是他们自己的想象力。

## 03　几岁可以读童诗童谣

松居直先生说：“如果进一步思考图画书的语言问题，我建议最好让两三岁的孩子体验一下诗歌语言。”

我也建议在幼儿的早期阶段，父母多给孩子们读一些儿歌或诗歌。

学语言首先是从听声音和韵律开始的，接着才是获得形象和意义，因此，父母一定要重视由语言的声音及韵律的丰富体验而产生的听觉与语言的关系。孩子的阅读不一定要限于图画书，读一些儿歌、童谣或其他有韵律的文章给孩子听，对培养孩子的母语基础有着重要意义。

文学的、诗性的语言体验是丰富还是匮乏，对幼儿来说意义完全不同。如果在幼儿期没有体验过这个语言世界，那么儿童的想象力和理解力就会匮乏。特别是从诗的语言中，儿童能感受到语言的韵律、音调、意象彼此间的联系，也能感受到乐趣和愉悦，这些都有助于培养其对语言音韵部分的敏感，并发展为生动使用语言的能力。

对三四岁的幼儿来说，与理解语言的意义相比较，更应重视培养他们对语言趣味性的感受，也就是感性层面的东西。

对人类来说，语言首先不就是声音、音调和韵律吗？语言的声音、音调和韵律，不就是首先进入婴儿的耳中，然后被稳定地传承下来的吗？

孩子之所以喜欢童谣，是因为他们对语言的趣味性很敏感。语言和声韵相结合，朗朗上口、简洁生动、短小精练的童谣诗歌，对婴幼儿语言的发展具有神奇的催化作用，是孩子童年不可或缺的调味剂，也是让孩子养成阅读习惯、尝试学习阅读的最好选择。

有趣的童谣，可以点燃孩子的想象力，比如这首：

**鸡蛋**

鸡蛋白，鸡蛋黄，
白云抱个小太阳。

一段话把“蛋白”“蛋黄”“白云”“太阳”关联起来，为孩子打开了想象的出口与空间。

童谣还可以教孩子认知世界：

**汽车和飞机**

汽车嘀嘀嘀，飞机嗡嗡嗡。
汽车地上跑，飞机空中行。
汽车抬头看飞机，飞机像只小蜻蜓。
飞机低头看汽车，汽车像只小甲虫。

还能满足孩子的求知欲，比如：

**野牵牛**

野牵牛，爬高楼，高楼高，爬树梢；
树梢长，爬东墙，东墙滑，爬篱笆；
篱笆细，不敢爬，躺在地上吹喇叭：
“嘀嘀嗒！嘀嘀嗒！”

这首充满韵律的“科普”童谣，用顶真的手法让整首童谣随韵结合，环环相扣。

## 04　孩子五六岁了还不能自主阅读怎么办

五六岁的孩子在读图画书时，首先会很努力地挑自己认识的字读——他们不是读书，而是读字。所以，让他们自主阅读，并能解读、理解图画书，还要以此为乐，着实有些勉为其难。

图画书是为了让孩子快乐而存在的。如果孩子感到书让自己痛苦、读书需要付出很大的努力和辛苦，那么他就会对书的世界敬而远之，转而投入电视的世界了。所以，很多孩子进入小学后，反而讨厌读书。

图画书如果不能令孩子发自内心地感到快乐，就不会留在他的心中；如果不在孩子的心中留下什么，那么图画书便不会促进他的精神成长。

吸取这个经验教训，自主阅读应该是一个循序渐进的过程。

我在给涵涵过渡的时候，遵循的是“拼音 + 有趣的桥梁书 + 漫画书 + 一开始选的书薄一点”的原则。慢慢地，涵涵的识字量增加了，读书时不再挑着字读，读的乐趣有了，她就乐于读了。

# 阅读方法不对，读再多书都没用

大量阅读肯定是必要的，但语文成绩的好坏，可不仅仅跟阅读量有关。

## 01 阅读靠量更靠质

在孩子学龄前，我们都提倡阅读要以孩子为主导，兼顾虚构性和非虚构性，若能稍微讨论一些开放性的问题，有助于启发孩子在阅读中思考，提高他们的思辨能力。但是尽量不要考问孩子，最好用聊天的形式，哪怕你是假装请教，也比直接提问的效果好。

每当我这样说，总会有人感叹“做父母可真难”，可谁让咱们没经过人家同意就把孩子带到了世上呢？

我总喜欢听一些前辈分享教育经验，我也经常跟当老师的朋友聊天，了解教育现状。他说：“好学生的背后都有好家长，家长的功课做到位了，孩子自然优秀。”

就拿语文学习这件事来说吧。

到了小学三年级，很多家长突然发现，自家孩子的语文成绩一下子从 90 多分降到了 80 多分，于是就开始着急了。

有的家长问：“我们孩子读书也不少呀，我经常给他买书，怎么语文成绩就是上不去呢？”

如果详细询问就会发现，很多说自己常给孩子买书的家长，其实一个学期也就买三四次，买的还都是缩减版的名著，要么就是《我要做个听话的孩子》之类的说教性的书。

于是我壮着胆子得出了这类孩子语文成绩不好的第一个原因：看的书没有营养。

第二个原因，则是阅读的深度不够。有些孩子在看《西游记》时只记住了一只猴子在打打杀杀。

## 02　深度阅读需要方法

涵涵上小学了，在她的作业里，有这样一道仿写句子的语文题：

请根据下面这个句子进行仿写：你用甘甜的乳汁，哺育各族儿女。

对此，涵涵写的是：“你用灵巧的双手，制作精美手工。”

我说：“不太合适，你想想这句话用了什么修辞，而你的句子有用到修辞吗？”

她回答了，却又反问我具体该怎么写。

我说：“咱们边吃边聊吧。”

到了饭桌上，我开始启发她：“仿写句子的时候，可以想一想，人家写的是长江，你可以写什么？其实，老师、太阳、春风等事物都可以写。”

她说：“你用温暖的阳光，照耀金色大地。”

我继续启发：“可以再试着加上拟人的修辞，比如‘春风拂面’。”

你看，小学一、二年级的阅读理解题已经在考查孩子归纳、提炼、总结和思辨能力了；而到了三、四年级，阅读理解更不会再局限于找原文就能做正确的题，对归纳、提炼、总结、思辨能力的要求会更高。

这些能力，都要靠家长在平时的阅读中引导、培养出来，而深度阅读是最好的方式。

怎么提高阅读的深度呢？

我常向读者朋友们推荐图书，不过我不想让自己推荐的好书被大家买回去后放在角落里落灰，或者被随便翻翻就略过，不能发挥最大价值。因此，我思虑再三，并且做了很多功课，就开启了和他们的共读活动。

我在共读群里手把手教过大家一些阅读策略，并提供了具体的运用案例。

比如，要想提高归纳总结能力，思维导图肯定是个好工具。在共读知识点比较多的绘本《中国国家地理》的时候，我采用的就是思维导图加知识拓展的方式。

以下仅展示的是思维导图的部分。

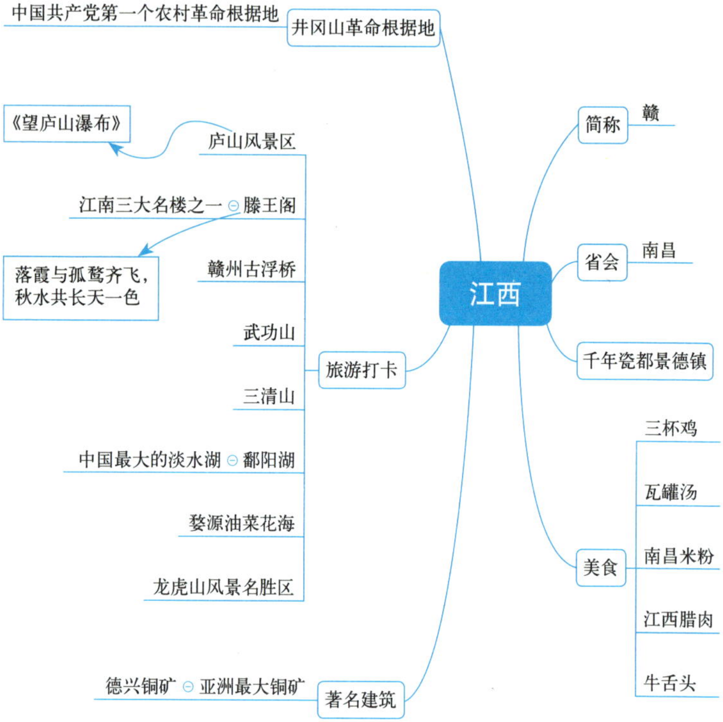


通过这样的深层次阅读，就能慢慢地提高孩子的归纳总结能力。

当然，针对故事性强的书，也要用不同的归纳概括策略，举个例子：可以让孩子用完整的句子讲述故事的主要内容是什么，故事里他印象最深的一两个点是什么，故事的开头、中间和结尾各自讲了什么……

或者，可以用“故事山”的形式，引导孩子细细思考：

## 故事山

姓名：______ 日期：______

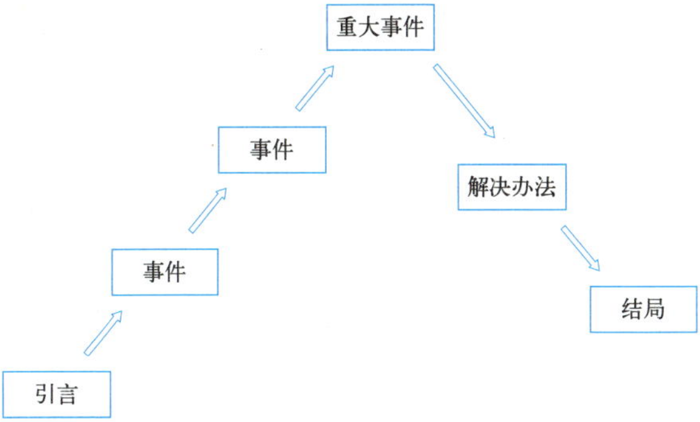


书名：____________

而针对锻炼思辨能力，积累字、词、句等情况，我们可以再换其他阅读策略。

我在某一天的共读笔记中截取了一部分：

1. 联想、讨论，提升思辨力。

今天要读的是一本关于友谊的书，故事的主题是"友谊是陪伴，不是占有"。

不妨跟孩子讨论一下友谊这个话题，比如：什么是占有呢？怎么样才能交到朋友呢？等等。

注意：是平等的讨论，不是提问。

2. 扩句和缩句。

经常跟孩子一起进行扩句和缩句的练习，有助于改善孩子作文像流水账似的情况，即使是孩子现在不写作文，也可以在阅读时，让他用几秒钟锻炼一下。

比如“明日之国里处处有美不胜收的奇景”，可以缩成“明日之国里有奇景”。待孩子说出了答案，你可以顺便问一句：“什么奇景呢？”在这里可以停顿一下，孩子愿意的话就会回答，如果不愿意，你就自问自答。

这就是大人有意识、孩子无意识地渗透知识。当然，不要老是提问、反问，孩子听多了会厌烦。

对于字词积累的方法我记录如下：

今天读的这本书中，在第二段里有一句话：“这样的春雪会给草地盖上一层雪白的毯子。”和孩子读到这里，你可以顺口拓展一下：“我们写比喻句，也可以用‘春雪给草地盖上一层雪白的毯子’这样的句型，不用总是写‘弯弯的月亮像小船’。”

在读完整个故事后，还可以帮助孩子加深印象和思考力度，和孩子一起讨论一下，还有哪些听起来更形象、更与众不同的比喻句。

另外，本书第二段中有个词“蹦蹦跳跳”，那么，在读完故事后，就可以以此为契机，跟孩子一起说一说 AABB 式的词语。一般来讲，6 岁左右的小朋友很喜欢这种游戏。

当然，方法是多种多样的，家长可以多多探索，找到最适合自己和孩子的。

## 摘抄好词好句有用吗

我的精读图书群里有读者问了一个关于摘抄好词好句的问题，她的疑惑概括起来有 3 个：

**摘抄有用吗？**

**要不要买一本关于好词好句的书？**

**摘抄什么？仅抄四字词语和成语吗？**

先回答第一个问题吧。其实有没有用不在事情本身，而在做这件事的人究竟是怎么做的。如果是自愿的，并且是很用心的，那么用处会很大。问问你身边那些写作水平高的人，他们肯定都有过摘抄用的“小本本”。

如果不是自愿的，情况便分两种：摘抄不用心，单纯是为了完成学校布置的任务，做得很应付，那么自然没用；但有的孩子虽然是为了完成任务，可干啥都用心干，那么摘抄的作用也是有的。为什么呢？这就涉及接下来我要回答的第二个问题。

之前和几位妈妈坐在一起聊天，其中一位妈妈给大家介绍了一本据说很好的学习资料，抖音平台上推荐的。另一位妈妈说，我家孩子也在用这个，他们班好多小朋友都买了。

我一听，人家都买了，还都觉得好，涵涵可不能错过！我去网站上搜了搜书名，页面刷出来一看，发现书中对每篇课文都给出了相当细致的解读：文章背景、作者信息、生词拼音、字词用法、语言分析……可以说是无所不有。

但是，最终我没买这本书。书里写得这么详尽，看了这书再去读课文，不就跟抄答案一样吗？孩子还怎么思考，能力还怎么锻炼？长此以往，孩子的阅读理解能力只会越来越差。

后来开家长会，涵涵的语文老师也说到了这种“学习资料”，她举了个例子：班上一个孩子总是直接抄资料上的组词答案。一次上课叫他回答问题，回答完老师问他知道这个词的意思吗，那孩子一脸茫然。

现成的好词好句集锦书其实就跟这种无所不有的教辅资料一样。你买了它，让孩子背了，孩子根本不理解、不会用，那不是在浪费时间吗？毕竟“背会”不是目的，“会用”才是积累好词好句的目的。

因此，还是要让孩子多阅读。阅读中有具体的语境，这样孩子才能有更深刻的理解，摘抄积累才有意义。

另一个重要问题是，摘抄很耗费时间，如果时间不够怎么办？如果孩子觉得厌烦坚持不下去怎么办？

时间确实是个问题。孩子上小学后要做户外活动，要写作业，再加上课外活动，再让他做摘抄，很难不应付了事。

而且，一个新习惯的养成本来就很难，特别是在最开始的时候，意味着要打破原来的习惯。而语言是讲究积累的，不是说今天摘抄了明天就能看到效果，没有“立竿见影的效果”这样一个内在激励机制的奖励，孩子就容易没动力。

这时就要把培养微习惯的策略用起来。在最开始，一天就摘一句，一天就了解一个词语。如果孩子今天读的是科普书，实在没什么可摘抄的，那就读一首短短的童诗，把里面精彩的句子摘抄一下，10 分钟就能搞定。

你看，摘抄并不需要花费多长时间，摘抄的内容也不是死板的，并不是摘了一大段就好，只摘了几个成语就是没完成任务。我们的目的是让孩子有更多的积累，只要阅读了，只要在阅读中有了收获，摘抄什么都可以。

就拿《世界上最糟糕的孩子》来说，这本书通篇好像就是为了搞笑，故事并不深奥，图画五颜六色，在排版方面更是夸张，文字大大小小、粗粗细细，有一些简直像要舞动起来。

是不是感觉没啥可摘抄的？不不不，作者大卫·威廉姆斯可是享有“罗尔德·达尔继承人”美誉的人，是英国当代著名儿童文学家，他的作品怎么可能毫无营养？

你看这段人物描写：

不用说，这所学校的老师们都待不长，他们在那里任职的平均时间只有两天，两天足以让任何老师赶紧跑路。

“真恐怖啊！真恐怖！”他们一边逃一边哭号，能跑多快就跑多快。

年轻的佛比先生对这所学校的坏名声一无所知……

……

在那个具有历史意义的早晨，佛比先生信心满满地走进学校的历史课教室。他手里拿着崭新的公文包，胳膊底下掖着折叠整齐的雨伞，嘴里哼着快乐的小调。

是不是十分形象生动？通过之前那些老师和佛比先生的鲜明对比，侧面说明了学校里的孩子有多么捣蛋，也为后面人物的转变埋下伏笔。

这就是孩子们可以学习的表达方法。

另外，就算孩子今天在书里没发现好的句子，也可以找到一些词语，比如上面这段里的“信心满满”，比如在书的另一段出现的“退避三舍”，可以重点拓展一下。

总结一下。

第一，摘抄好词好句本身是一件好事，也是一个阅读的好习惯，但是得用心才能有效果。

第二，如果时间不够用，可以通过读童诗这种简单的方法来完成任务。

第三，如果习惯养成的初期比较困难，可以用微习惯策略，先从一天摘一句、一天了解一个成语或词语开始。

## 好的名人传记，胜过100个好老师

一个人少年时期读的书足以改变他的一生。因为青少年时期是孩子形成正向价值观的关键时期，这个时期树立什么样的志向、以什么样的人为榜样，往往会影响孩子的身心发展方向，甚至是未来的人生成就。

我们的孩子心智尚未成熟，他们也许会：

碰到难题，有畏难情绪；

考试失利，灰心丧气；

学习不自觉，没有进取心；

经受不起挫折，难以接受失败；

……

那么，不妨让孩子去名人的故事里感受一下他们坚持不懈的精神、越挫越勇的斗志、日复一日的勤奋，从他们的故事中汲取力量。

名人的价值观、思维方式、优秀品格在“吾家小儿初长成”的时期，能够起到很好的榜样作用。或许我们的家庭条件不是那么好，我们作为父母的学识没有那么高，我们的孩子也没有名师引导，但是孩子都有通过这些伟人给自己找到“精神之父”的平等机会。

这就是我一定要让孩子读名人传记的原因，更何况，读传记的好处可不只近距离感受名人生活、感受榜样的力量这一点，孩子们还可以：

从名人故事中获得抗挫能力、学习力、解决问题的能力；
大到人生哲理，小到考试作文都用得上，即可以积累写作素材；
思考未来职业发展和生涯规划；
收获积极向上的正能量。

君不见，名人传记在哈佛大学图书馆里的借阅率常年稳居前三。

名人的故事确实能给人以启迪。作为从小读《拿破仑传》等名人传记的受益者，我到现在也经常会读名人传记，比如《成为》《苏东坡传》等。但这些大部头的传记小孩子看起来会有压力，因此我打算让涵涵先从短的名人故事入手。

《科学家的故事》系列是其中比较有代表性的。这套书讲了 10 个科学家的故事，文字都出自著名的儿童文学作家徐鲁老师之手，而徐鲁老师抛开了纯粹的传记性讲述方式，将叙述文字进行了文学化的提升。因此，这套书中不仅展现了小故事蕴含的大哲理，让孩子看到不一样的宏大人生，理解“家国情怀”，还能为他们提供很好的语言范例。

涵涵看完其中屠呦呦的故事后就对我说：“妈妈，我好想成为这样的人啊！”

我问她：“为什么呀？”

她说：“因为我觉得她很伟大，她做的事情也很有意思，而且她还获得了诺贝尔奖，获奖很荣耀是一方面，能够帮助到更多人也很关键。”

真没想，作为“10后”的涵涵，在看到名人故事时能这样被感动、被触动。

恰当的时候，我也会跟涵涵讨论故事里的一些细节。比如那天我买了一袋高粱饴，因为之前兴趣班里有同学给她分享过，她一直念念不忘。

回到家拆开包裹，我才发现这些高粱饴是用一个四方形的塑料袋装的，上下封着，没有可撕口，拽了半天也没弄开。

这时，比妈妈“成熟”的涵涵出马了。“你不能用蛮力，我们要用智慧解决问题。”她边演示边解说，“你看，这样让它鼓起来，然后‘嘭’的一声它会破个口，我们就能吃到啦！”

我赶紧趁机表扬她：“对，涵涵，咱们就是要做一个爱思考的人。”

然后我们俩一起把李四光从小爱思考的事迹复习了一下：李四

光为了让妈妈舂米更省劲儿，通过仔细观察舂米的工作过程，改进了舂米装备。后来去荷塘里采莲藕，他发现只要顺着干枯的荷叶梗踩下去，淤泥下面一定会有粗大的莲藕，有了这个方法，他年龄虽小，可每次采莲藕都采得又快又多。

另外，涵涵还想起了钱学森的故事：和小伙伴们比赛时，他的纸飞机之所以能飞得又稳又远，是因为他发现了纸飞机的机头、机翼的重量和形状都对飞行距离有影响——这也是爱动脑筋的结果。

把孩子跟伟人们放在一起做比较，是一种很有力的夸奖，会为孩子种下正向的种子。像这次，涵涵就会觉得：“只要肯动脑，我也能做到。”

爱思考、勤动脑，是学习中非常关键的一环。孩子们在上学后不可能所有的题都会做，但遇到难题时的不同态度，会让他们之间产生分数的差距，乃至人生的差距。

学习过程中一定要分析、总结错题原因，这就需要孩子有自主思考的能力。为什么强调自主？因为孩子上小学时，家长可以在后面帮扶，可上了初中呢？高中呢？不会自主思考，孩子越往后学得越困难。

是积极思考，把它作为挑战，还是讲一句“我不会”就直接去看答案，这是孩子们日积月累养成的习惯。所以，家长要在细微处注意引导，而让孩子在小时候读名人爱思考的故事，就是给他们埋下了一颗“勤于思考是好习惯”的种子。

孩子从名人故事里还能学到更多道理。就拿《科学家的故事》系列里列举的科学家们来说，能在某一领域取得伟大成就，他们可不仅仅是爱思考，还要不怕失败。

哪一个闻名世界的科学成果，不是反反复复实验很久，经历了成百上千次的失败，最后才能得到结果？

获得诺贝尔奖的屠呦呦跟她的团队，在成功前经过了不少于190次的失败试验。

中国的核试验经过了45次的试验，最后才能成功。而专家们在成功路上遇见的拦路虎何止失败，还有艰苦的环境。

袁隆平日夜守着那株“鹤立鸡群”的杂交水稻，然而种植最终失败。之后，他再次每天背着水壶、揣着两个馒头，在稻田里寻找适合做人工培育实验的水稻。

……

在孩子渐渐懂事并且树立价值观的关键时期，这些故事能够让他们知道什么是不怕失败、敢于挑战自我，什么是坚持不懈、永不放弃。

袁隆平院士曾说：“人就像一粒种子，要做一粒好的种子，身体、精神、情感都要健康。种子健康了，事业才能根深叶茂，枝粗果硕。”

想让孩子身心健康，拥有良好的品质，能够承受挫折，勤学好问，能够独立解决问题，接受正向的力量是必不可少的。名人的故事足以滋养孩子的内心，在心里播下一颗健康的种子，唤醒孩子内在的无限可能。

## 千万要注意，不要被小学的高分迷惑

我看到过这样一个帖子："孩子上小学时语文一直在97分以上，到了初中，语文成绩一直往下滑。这次期末考试，语文阅读题只拿了20分，扣掉将近30分。"

我跟涵涵爸爸对孩子的期望很高，涵涵的成绩也一直不错，但这个帖子像盆凉水把我们浇醒了。帖子里说的这个孩子，问题到底出在哪儿了？有什么办法能让孩子的阅读能力快速提高？

帖子下面有一条回复是这样说的："初中语文要考好，一定要有很广的阅读面和很大的阅读量，这样才能提高做题的效率和准确率，看一遍题就得知道答案，因为你没有第二遍读题的时间。"

确实，没有海量阅读做支撑，孩子到初中学习语文会很难。

初中的语文试卷除了一篇600字的作文和一部分基础题，还有阅读题，包括两篇现代文阅读、一篇古诗文阅读、一篇文言文阅读。语文整张卷子满分120分，阅读理解就占了46分，将近三分之一的大分值，可想而知阅读能力对学习有多重要！而且，占了50分的作文如果没有广阔的阅读面和阅读量做支撑，估计也难拿高分。

也就是说，初中语文的考核重心几乎全落在了“阅读能力”上，想提高语文成绩就必须注重阅读。

## 01 0~12 岁是阅读能力提升的黄金期

阅读能力不是速成的，需要长时间的积累和沉淀，想要抢占先机，自然越早开始越好。

理论上认为，0~6 岁是儿童习惯形成的关键期，在这个时间段，孩子的习惯和能力都在逐步养成。这个关键期抓好了，能通过培养阅读能力开发出大部分学习能力。

6~12 岁是阅读能力提升的黄金时间，课外的大量阅读不仅能提高孩子的理解和认知能力，还能拓宽知识面、增加知识储备、培养逻辑思维，为以后的学习打好基础。从小爱阅读的孩子，总能脱口而出很多超出课堂范围的词语或者成语，让人眼前一亮。在平时的接触中我们也能发现，他们在语言组织能力和逻辑思维上都要比不爱阅读的孩子更胜一筹。

现在小学一、二年级就开始让孩子看图写话，三年级要求写短作文，到了六年级，作文要求是 500 字，可如果单靠 6 年间课堂上积累的词语和语文能力，去完成这么长的作文还是有难度的。有了大量阅读基础的孩子就不一样，他们的语感和文笔明显要更好一些，阅读会让他们的思维更开拓，更能找到写作文的切入点和立意。

阅读更是孩子收集外界信息的重要途径，它不仅跟孩子日后的学习相关，还会引发他们对人生产生更多的思考，对长大以后的工作和生活都有重要影响。

## 02　阅读能力的培养要一步一步来

有位作家朋友说，自己不是每天都有写作的灵感，但到了写作的时间，她都会按时坐在电脑前。养成习惯后，只要到了那个时间，坐到那张椅子上，她就能很快进入写作状态。

阅读也一样，所以，我们可以通过以下几个方法帮孩子培养习惯。

1. 帮孩子养成每天看书的习惯。

就跟每天吃饭、睡觉一样，让阅读成为他生活中必做的事情。养成读书习惯以后，孩子拿起书才能很快沉浸进去。

2. 逐步加大孩子的阅读量。

孩子智力的开启不能仅依赖课堂上的学习，可以从深度和广度上多做扩充，这就需要孩子大量地阅读课外书籍。量的变化带来质的变化，有了大量的阅读积累，孩子的感悟能力才会有所提升，学习能力才能得到更好地开发。

一般情况下，幼儿阅读起码要积累到 50 万字的阅读量，才能萌发学习能力；一、二年级孩子每年的阅读量不能低于 100 万字（正常是 100 万~200 万字）；二、三年级每年不能低于 200 万字（正常是 200 万~300 万字）；四、五、六年级每年不能低于 300 万字的阅读量（正常是 300~500 万字），有一些爱读书的孩子每年甚至能达到 1000 万字以上的阅读量。

3. 逐步提升对孩子的阅读要求。

孩子 5 岁时的阅读能力和 10 岁时的阅读能力是有区别的，既然有区别，要求也会不一样。家长要遵循循序渐进的规律，帮助孩子从粗读、精读走向熟读和运用。

孩子刚开始阅读，只要能把语句读通、读顺就很好了。有了一定的识字基础后，可以让孩子学着概括和总结，然后再深入理解和运用。同时，还可以督促孩子摘抄好词好句，体会语意语境，进行精细品读，最终为己所用。

## 03 阅读能力里藏着孩子的未来

阅读能力在一定程度上可以代表一个孩子的学习能力。

小学下功夫背和记就能得高分，但到了初中，基础题只占小部分，更多的是在考核孩子的综合分析能力、思辨能力和写作能力，这个时候如果孩子的阅读能力跟不上，自然就会出现成绩滑坡的情况。

没有博览群书，没有大量阅读古今中外名著的积累，想要在综合分析能力、思辨能力和写作能力上有所提升，难度很大。只有从小大量阅读各类书籍，才可以让孩子眼界更宽，把阅读到的知识变成储备，进而变成强大的发展能力。这就是那些小学成绩平平但是喜欢读书的孩子到了初中反而上升很快的原因，这些孩子的学习能力正是建立在大量的阅读之上。大量阅读虽然短时间内看不到成效，但是在“持久战”中，会发挥相当大的作用。

所以，小学阶段，家长可以让孩子的学习更“从容”一些，不要太在意孩子的成绩，让他花更多时间去阅读。读的书多了，自然可以明心智，即使短期内成绩一般，也不用太过计较，因为这些营养储备是需要时间发酵的。在孩子12岁以前，可以把更多的关注点放在孩子基础能力的培养上。

教育家苏霍姆林斯基说过："一个不阅读的孩子，是学习上的潜在差生。"重视课外阅读，才不会让孩子败在初中；增强阅读能力，会让孩子终身受益。